VICENTE MEJÍA COLINDRES

RECUERDOS DEL CAMINO

RELATOS DE UN EXPRESIDENTE HONDUREÑO

(TOMO I)

RECUERDOS DEL CAMINO TOMO I
V. MEJIA COLINDRES

©Colección Erandique
Supervisión Editorial: Óscar Flores López
Diseño de portada: Andrea Rodríguez—Lilyana Gálvez
Administración: Tesla Rodas
Director Ejecutivo: José Azcona Bocock
Primera Edición
Tegucigalpa, Honduras—Diciembre de 2024

ÍNDICE

HITLER, LA TUMBA DE MOLINA, SUERTEA CARÍAS Y UN PADRE NUESTRO ORIGINAL

Vicente Mejía Colindres es uno de esos pocos —y extraños— casos en los que un presidente hondureño escribe… y lo hace bien. Así queda demostrado en sus libros, Recuerdos del camino, Tomo I y II.

Son relatos que nos transportan a un pasado muy lejano. En ellos hay nostalgia, tristeza, dolor, anécdotas y profundas reflexiones de un hombre al que le tocó gobernar en 1919, como presidente provisional, en una Honduras donde los problemas todavía se arreglaban a balazos.

Durante su segundo periodo (1929-1933), enfrentó a los últimos caudillos de cerro y le puso fin a las montoneras que encabezó el general Gregorio "El Indio" Ferrera.

Con la muerte de Ferrera, acaecida el 27 de junio de 1931, se cerraba una oscura etapa en la historia de Honduras. Sin embargo, ni el doctor Mejía Colindres ni el pueblo, se imaginaron que, apenas dos años más tarde, iniciaría el reinado de terror de los dieciséis años de la dictadura cariísta.

En Recuerdos del camino Tomo I, el exmandatario muestra su rechazo al totalitarismo de Adolfo Hitler y el partido Nazi.

"Si Adolfo Hitler y su jauría rabiosa y formidable no existieran, semejante infamia sería imposible; pero este vocablo, aplicado al mal, ¡no tiene significado alguno en el léxico de los bárbaros modernos! Mientras ellos estén de pie, no tenemos derecho a dudar de ningún crimen. Y el exterminio del pueblo israelita, tal como reza en la información de referencia, si se realiza, sería el más espantoso de todos los siglos", escribió.

Mejía Colindres también escribe profundas reflexiones sobre Dios, el ocaso de la vida y la ética, así como varias historias de la vida real. Libra, Señor, a nuestra Patria, de miserables tiranuelos que a su paso dejaron lágrimas y sangre; desolación y muerte… y demuestra toda su creatividad con un Padre Nuestro original.

"Libra a nuestros buenos gobernantes de espías y delatores, porque éstos envenenan las fuentes más puras y los corazones más limpios.

Libra el alma de nuestros amigos, de fanatismos que ciegan; de procedimientos que anulan; de odios que matan.

Líbranos, Señor, de todo mal.

Amén".

Hombre de amplia cultura. Mejía Colindres era un orador exquisito (leer sus discursos a Juan Ramón Molina, Froylán Turcios y el general Domingo Vásquez, y sus palabras en conmemoraciones como el 15 de septiembre y la Independencia.

Interesante es su mensaje al general Tiburcio Carías Andino (Partido Nacional), a quien Vicente Mejía Colindres (Partido Liberal) entregó el poder.

"Señor Presidente electo, General don Tiburcio Carías Andino: al haceros entrega de la presidencia de la república formulo los mejores votos porque, en la dirección de los destinos que os ha confiado el pueblo hondureño, obtengáis el éxito más completo", dijo Mejía Colindres.

Y agregó: "No olvidéis, Señor Presidente electo, que sobre las pasiones desatadas por políticos perversos, que engañan a las multitudes, señalándoles, para que lo destrocen, a un hombre inocente como culpable de todos sus infortunios,—tal como ha ocurrido a esta hora con algunos gobernantes de América—; que sobre eso hay algo definitivo y es el juicio inexorable de la historia, y sobre eso y sobre todo, para el hombre que lleva el respaldo firme de su conciencia libre de culpas, un juez que nunca se equivoca: ese juez es Dios".

Recuerdos del camino I y II gustarán, sin ninguna duda, al lector, pues son el reflejo de un país en el que, a pesar de todos los sufrimientos causados por sus malos hijos, aún había esperanza, respeto por los valores inculcados por los padres y cierto romanticismo para ver las cosas de la vida.

Óscar Flores López
Editor Colección Erandiqe

Reproduzco en este libro algunas impresiones de mi largo viaje por el mundo. Son hojas del árbol de la vida, dispersas por vientos del otoño.

A última hora, las recojo y cordialmente las ofrezco al benévolo lector.

VICENTE MEJÍA COLINDRES

DEDICATORIA

A doña Chinda de Mejía Colindres

Estas páginas son tuyas. En algunas de ellas flotan como banderas agitadas por todos los vientos de la vida, lo que llevamos en el alma y escribió el destino durante medio siglo: tristezas y alegrías; recuerdos v esperanzas; triunfos y derrotas, todo lo que hemos compartido y a esta hora nos parece cobijado por las brumas de un pasado muy lejano.

Son tuyas las que, perdidas entre las hojas amarillentas de revistas olvidadas, publiqué hace muchos años.

Y sobre todo, tuyas son las que sentí muy hondo y jamás logré escribir, porque los dolores grandes, como los nuestros, no pueden grabarse en el papel.

Poco antes de emprender mi último viaje, ese del que ya no se regresa, he querido coleccionar mi producción literaria, esparcida por los cuatro rumbos del espíritu. Me han faltado fuerzas para alcanzar lo que el tiempo y la distancia se llevaron.

Así, diminuta e incompleta, ya que no puedo ofrecerte algo digno de ti, te la dedico.

Acéptala con cariño, porque en ella sentirás palpitar mi corazón.

V. MEJÍA COLINDRES

LA TRAGEDIA ETERNA

Como gaviotas dormidas en la falda de la sierra, se destacaban del fondo verde del pinar las casitas blancas de una aldea. Labriegos de alma pura como el agua, siempre virginal de sus montañas, vivían en aquel rincón arcádico, vida de trabajo, de paz y de alegría.

Era Viernes Santo. A la puerta de la iglesia un carretero depositaba su carga bulliciosa como un nidal de alondras: un grupo de niños que de caseríos distantes venían a contemplar a Dios en el día del martirio. Descalzos los pies, desordenado el cabello por el viento de la sierra, vestidos con harapos, observados con desprecio por la única rica dama que a aquel acto concurría, formaban para Aquél que desde la Cruz los contemplaba, un coro de ángeles, trajeados de púrpura, constelados por dentro de luceros.

De la iglesia emergían las notas de un violín criollo y de la cementera en flor se levantaba, dulce y triste, el acento de una flauta campesina. Palpitaba un clamor tan hondo aquellas voces; vibraba en ellas tanta angustia, que se diría que el espíritu de los profetas pasaba por allí, batiendo sus invisibles alas sobre la frente de los músicos pastores.

Ni una errante nubecilla perturbaba la inmensa serenidad del cielo. La primavera teñía de verdor el campo, regándolo con margaritas blancas y campánulas azules. La tierra, humedecida por lluvias tempraneras, olía a virgen. Bajo la gloria del sol trinaban los pájaros dulcísimas romanzas. De la flor al astro, en la escala infinita porque el hombre asciende a Dios, el amor cantaba su divino y eterno cantar.

Aquel panorama que parecía iluminar el alma, despertando. la alegría de vivir, enmarcaba en aquella hora un dolor sin nombre para la humanidad creyente; aquel contraste entre la naturaleza, pródiga de cuanto necesita el hombre para ser feliz y el empeño incontrastable de éste en la construcción de su desgracia, con materiales de protervia, era algo tangible y desconcertante en aquella ocasión.

Yo meditaba en el drama más grande de todos los siglos. El mismo que vivimos todavía y vivirán los hombres hasta el fin de las edades. Sentía que la sangre derramada en el Calvario sigue corriendo como río desbordado, inunda el haz de la tierra, enrojece la frente de los poderosos y mancha para siempre, como las manos de Macbeth, la de los verdugos que van en legiones por el mundo.

Leyendo esa historia sentía que el Cisne de Galilea había venido a un mundo destrozado por los cuervos. Así nos explicamos por qué los cimientos del edificio que contemplamos ahora con asombro, como que es eterna pie están amasados con carne de héroes. El crimen originado en Roma invadía el planeta en tumultuosas oleadas de fango. La opresión era el derecho de los fuertes, consagrado como divino por una tradición muchas veces secular. El pueblo, inmenso rebaño del que disponía a su antojo el César Imperator. La nobleza arrodillada y temblorosa ante el monarca, se manifestaba feroz con los humildes.

En aquella hora de tinieblas apareció en la escena un hombre raro, sorprendiendo al mundo con una doctrina hasta entonces nunca oída. Los hombres sabían de los castigos inmisericordes de los dioses paganos y aún de la tormenta, crinada de relámpagos, que anonadara a Moisés en el Sinaí; pero ignoraban que el respeto a las creencias ajenas, alimentadas de buena fe, era una religión; que el amor, era una religión; que el perdón, era una religión. Ignoraban la esperanza en una vida superior, muy diferente de la que les ofrecía el Olimpo legendario y de la sombría de que les hablaba el Antiguo Testamento.

El temor a la muerte se convertía, de ese modo, en un paso efímero que abría a los hombres las puertas de la tierra prometida, en donde "los últimos serán los primeros"; la joroba se convertirá en un par de alas blancas; la opresión en libertad; la miseria en gloria.

La justicia de Dios, entonces como ahora por algunos discutida, se explicaba de esa suerte: era esa la clave que descifraba el enigma, haciendo luz en las conciencias atormentadas por la negación o por la duda. La resignación en las horas de infortunio sentía latir en su seno gérmenes de una vida nueva y generosa.

Sobre todo esto El enseñaba algo insólito a los oídos de los hombres de aquel tiempo: la piedad para los que lloran y para los que cometen yerros se extendía, como manto de misericordia, a los perversos, a quienes se debe también amar, porque son nuestros hermanos.

¿Quién era aquel desconocido que se levantaba frente a la sombría tradición milenaria? Los Césares, sobre cuya frente lanzaba, dentro de sentencias redentoras, como el rayo fecundante en el seno de la nube veraniega, encendida protesta contra tanta infamia por aquellos cometida, podían convertirlo en polvo en pocos minutos. ¿Traía consigo un ejército invencible? ¿Venía armado con todas las armas? Con qué derecho levantaba sus manos bendiciendo la barca del pescador, el huerto del labriego, el hogar de los humildes, ¿la frente inclinada del esclavo y la cabeza hirsuta del bandido?

¿Por qué llamaba hermano al hombre del harapo y al hombre del puñal? Por qué anunciaba que sobre las miserias de este mundo alumbraría el Reino de los Cielos? ¿Era un loco o un sacrílego? Era el hijo de un carpintero y había nacido en un pesebre y encallecido sus manos con las rudas herramientas del trabajo. Se llamaba Jesús, el Nazareno. Venía desprovisto de armas de combate y lo seguían unos pocos y sencillos pescadores.

Aquel hombre pálido, de mirada pensativa y dulce sonrisa llegaba armado de bondad.

Sabía por dónde caminaba y no ignoraba que en la cumbre del Calvario le esperaba una Cruz. Y fue por el mundo predicando su doctrina de Justicia, de Amor y de Verdad. Como puñado de rosas húmedas y frescas corrieron de sus labios santas parábolas. A los malos les señalaba con frases más dulces que la miel, el camino de redención; a los caídos les mostraba el cielo en donde hay un Dios misericordioso; a los incrédulos les daba la luz de la verdad y a los opresores les decía lo que un milenio después repitió Masillón a un monarca, en esta frase inmortal: ¡Señor, sólo Dios es grande!

Y después, la visión que en el monte de Los Olivos se condensó en sus ojos nublándolos con toda la amargura que puede caber en unos ojos divinos, se plasmó en realidad: la traición de un miserable, la prisión, la negación de Pedro, la justicia sacrificada a la conveniencia, la consumación del sacrificio, la realización de la tragedia que tuvo por teatro pocos metros, por tiempo unas cuantas horas y por espectador la humanidad en el discurso de todos los tiempos. Era entonces, también, un Viernes Santo; pero no alumbraba como ahora un sol glorioso, ni cantaban los árboles cargados de nidos que ahora cantan, ni reían los niños que a la vera del atajo dejan ahora correr la música inefable de su risa.

Todo estaba mudo y negro... Solamente los verdugos escuchaban un acento que rasgaba el espacio, como el gemido de un niño que se muere o el balido de un cordero al que arrancan las entrañas. La ciudad dormida y el campo silencioso no podían explicar lo que escuchaban, porque lo que inquirían fuera lo

llevaban dentro: como siempre, pronto o tarde, después de la comisión de un crimen se levantaba en la conciencia una mano que acusaba: la estatua del Comendador descendiendo de su pedestal para anunciar a don Juan que ha llegado la hora de partir, no es más elocuente, ni penetra más hondo, ni vibra más alto, en lo íntimo del alma que el grito del remordimiento.

Y después... Llegamos a los tiempos de ahora: Han corrido veinte siglos; los Césares se llaman dictadores; no se destroza a los cristianos en espectáculos públicos, pero se asesina a los pueblos que defienden la libertad; no se incendia la Ciudad Eterna, sino innúmeras ciudades, desde el aire, con procedimientos destructores modernísimos. Los nombres son otros, los procedimientos distintos; pero los hechos en toda su crueldad y los verdugos en toda su infamia son, fundamentalmente, los mismos.

El hombre ha marchado eléctricamente hacia el cumplimiento de una civilización al parecer insuperable, realizando milagros especialmente en el campo de la industria; pero no ha adelantado un paso en el orden moral, en el sentido verdadero de la cultura humana que engrandece y dignifica. Arrancando a la naturaleza poderes inconmensurables se ha sentido arrogante y fiero como un dios pagano y ha olvidado que, humilde gusano de la tierra, solamente puede batir alas de ángel transitando por los caminos luminosos del espíritu. Y en esta época de mecanismo crudo no es, en los países más civilizados de la tierra, sino una pieza de una máquina que trabaja del alba al ángelus, como el caballo ciego que da vueltas a la noria, inconsciente de su destino histórico que casi siempre coloca al servicio de un tirano.

La ciencia ha progresado de manera prodigiosa. Las fuerzas ocultas de la vida han entregado al hombre sus secretos. Si con frecuencia ocurren accidentes que cubren de luto a la humanidad, éstos son protestas de la fiera que responde clavando sus garras en la entraña al domesticador que la flagela. Acaso se repetirán perpetuamente, pues son manifestaciones fatales de la vida.

Allí, como en todo orden de ideas, la inteligencia constructora ha encontrado en otras inteligencias luminosas pero fanatizadas por conceptos dogmáticos, obstinada resistencia a su fecunda evolución. La encuentra, aunque inconsciente, todavía. La ciencia oficial y ortodoxa en más de una ocasión ha cerrado sus puertas, —que para el progreso debiera suprimir—, al libre examen de toda concepción que no está catalogada dentro de las conclusiones por los académicos consagradas como intocables. El fanatismo científico que retardó el triunfo de Pasteur, no ha muerto.

En la vida religiosa también asoma, muy de tarde en tarde por fortuna, el sectarismo funesto de otros tiempos; todavía hay quienes entienden que cuando Cristo bendice, desde lo alto de su Cruz, a todos los hombres, sus manos inquieren cuáles son las creencias de éstos; a qué instituciones se han afiliado aquéllos; qué latitud habitan los demás allá, sin considerar que esas diferencias se ignoran en los caminos del espíritu, infinitos y eternos como Dios.

Y si aquellas manos de lirio hacen distingos —y los hacen, efectivamente—, es en favor de los ignorantes y sencillos; de los perseguidos, llámense católicos, judíos, budistas o como se quiera; de los que exigen justicia, piden luz, claman piedad; de todos los que llevan un dolor en el alma. Pensar de otra suerte vale tanto como pretender limitar, dentro del molde estrecho de nuestro criterio, lo que no cabe en el tiempo y el espacio: la luz de misericordia y de verdad que irradia de la frente del Gran Mártir.

El fanatismo político está en pie, alto como una montaña; el medioevo ha despertado en los regímenes de fuerzas, hambriento de conquistas, con los dientes afilados en centurias de descanso: Hitler, Mussolini e Hirohito están allí para probarlo. Dentro de las fronteras que estos regímenes mantienen, el ciudadano ha renunciado los más nobles atributos de su personalidad, colocándolos de modo integral al servicio del Estado, encarnado en un hombre. ¡Y qué hombre! Insatisfecho con borrar de la legislación de su país todos los derechos, borra del mapa del planeta y a su antojo, a las naciones, arrojando al canasto de papeles inútiles los tratados y convenios en que garantizaba la existencia autónoma de aquéllas.

El hombre actual no es menos desgraciado que el que vivió dos milenios atrás. En el torbellino de una civilización portentosa se mantiene, con frecuencia, insomne, añorando a sus abuelos que aceraron sus huesos y sus músculos conduciendo la yunta, bajo el sol de oro, sobre la tierra negra, y cultivaron la poesía escuchando la música de las aves del cielo y contemplando desde cimas vertiginosas horizontes magníficos, y comieron, cada día, en la paz hogareña, el pan moreno amasado con la harina del trigal que cultivaron sus manos, y rezaron cada noche el Padre Nuestro, echándose a dormir benditos por Jesús.

Y por último, en el actual minuto histórico en que las instituciones democráticas, esas que mejor armonizan con la naturaleza humana, parecen detenerse en su camino de derrota para librar una batalla, tal vez definitiva, aún nos queda como en la caja de Pandora, la esperanza.

Combatido a sangre y fuego en dos mil años, el Cristianismo se levanta victorioso bajo el manto humilde del pastor de Galilea.

Cuando de los escombros de la actual civilización surja un mundo nuevo, redimido por el dolor, sonará la hora del triunfo definitivo.

Esa hora se acerca: la humanidad siente que camina sobre algo que se estremece sordamente y le quema las plantas porque es un volcán. Es esa la señal inconfundible de los tiempos. Entonces la aurora alumbrará sobre los pueblos y aparecerá Jesús sobre una nube, glorificando a los infortunados de la vida.

ORACIÓN DEL CAMPO

Después de una jornada a través del riñón ingrato de la sierra, descendimos de nuestras cabalgaduras cerca a la casita blanca de un cortijo.

Frente a la puerta, descansando en un taburete de tiempos muy lejanos, con un bordón entre las piernas, un anciano departía con un niño.

—¿Dé qué hablará ese siglo con la aurora? —murmuró mi compañero de excursión.

Pedimos hospitalidad y el corazón del viejo nos la concedió de modo inmediato y cariñoso. Sentimos en su acento, que va faltando en las ciudades, la bondad del campo: exhalaba la virginal fragancia de la tierra.

Bajo el fulgor y el silencio de la tarde quisimos contemplar y oír a aquel hombre de tiempos muy pretéritos: contaba poco menos de cien años, como nos lo dijo inmediatamente después.

¿Quién era? ¿Cuál el motivo de longevidad tan rara en un cuerpo todavía tan robusto?

—Ese magnífico ejemplar de resistencia al paso de los años es admirable. ¿Acaso corre por aquí la fuente de la eterna juventud? —observó mi amigo.

—Se lo preguntaremos —le contesté—; que ya tendremos necesidad de sus aguas milagrosas.

Por de contado, esperábamos escuchar la sencilla narración de un patriarca de aldea, que ignora que existe otro mundo más allá de las montañas que limitan aquél en que nació.

Nos acercamos a él y le insinuamos cortésmente nuestro deseo...

—Es muy justa la curiosidad de ustedes —nos dijo, interrumpiéndonos—: el longevo se está extinguiendo en las comunidades urbanas tanto como los árboles centenarios en los bosques circunvecinos.

—Yo fuí lo que ustedes, equivocadamente, llaman "un grande de la tierra"; en la pequeñez del medio en que nací, eran abundantes mis riquezas y mi posición política y social muy alta. Habité palacios y muchos de mis días fueron de fiesta. Conduje hombres y obtuve victorias resonantes. Sentí la envidia de mis émulos y les respondí con el desdén. Fui por esos mundos, en más de una ocasión, como el soñador inmortal de la inmortal leyenda cervantina, montado en Clavileño; sembré buenas acciones en los surcos de otras vidas; levanté muy alto a gentes que iban por el suelo; liberté de miserables ataduras económicas a algunos, dorados actualmente: casi todos, nuevos galeotes, me hicieron paladear el amargo sabor de la insidia y la calumnia. Mi nombre, no importa: es el de otros que fueron o son lo que yo fui, un cualquiera que se imaginaba todopoderoso. Si ustedes, casualmente, supieran cómo me llamaba en aquella vida, les suplico olvidarlo como se olvidan los nombres de tantos que se fueron sin dejar historia.

Mientras hablaba, con su pierna inválida descansando en un brazo del taburete, iban pasando por sus ojos, cansados de mirar, recuerdos muy lejanos de su vida.

Al final de aquellas horas en que hacía cuentas muy alegres, comencé a sentir el cansancio de la vida. En alguna ocasión de recogimiento, dentro de los muros de mi residencia señorial, me encontré a mí mismo: cada una de las piedras con que edificaron este palacio, pensé, chorrea la explotación inmisericorde de campesinos y de obreros; en ellas dejaron muchos infortunados, con el sudor de su frente, lágrimas de sus ojos, sangre de sus venas y maldiciones de sus labios. Pensé que el sabor de aquellas piedras debía ser azas amargo.

Estas son construcciones de los hombres —me dije—; índices que señalan el sufrimiento de los pueblos por milenios. La naturaleza, en cambio, trae a la ribera en donde florece la esperanza y flota el ensueño, a los náufragos dolientes de la vida. Allí se sitúan de espaldas a el pasado, en que arrastraron la existencia como entraña rota que se escapara por la amplia boca de una herida; allí trabajan mirando el porvenir, renovador y fecundo. Porque la naturaleza es obra de Dios.

Palpita dentro de mí un recuerdo trágico que terminó por cambiar el curso de mi vida: como oficial de graduación muy alta fui llamado a integrar un tribunal militar que pesaba, como el hacha del verdugo, sobre la cabeza de un héroe. Expuse todos los argumentos consignados en la legislación penal, que no son muchos en nuestras dictaduras criollas y los de la justicia elemental y verdadera, que son casi todos, contra la pena de muerte en general y en favor del acusado en particular. Para terminar, invoqué el más común, tantas veces repetido pero siempre formidable: La posible equivocación en la condena. Dreyfus y la Isla del Diablo constituyen un símbolo eterno de infamia, les dije, que debiera figurar en las salas de justicia, al lado de la Diosa Ciega y su balanza, para recordar a los jueces que son hombres.

Destrozada la Justicia por la Ley, que asesinó al patriota acusado de conspiración contra un régimen de oprobio, me retiré definitivamente de los hombres y me acerqué a Dios en la placidez del campo. Y aquí me he sentido el que soñaba vagamente en mis ansias dolorosas de sosiego.

Abrí el surco con mis manos y lo regué con el sudor de mi frente. Cuando la cosecha generosa llegó a mi mesa convertida en pan, este me pareció mucho mejor que el que saboreaba en mis opíparos banquetes de otros tiempos: era el producto de un esfuerzo honrado; contenía algo que no se compra con todo el oro guardado en las cajas de los bancos, un rayo de la luz que divinizaba el que Jesús partía en las cenas apostólicas y alumbra en la mesa y en el corazón de todos los humildes trabajadores del mundo.

—¿No cree usted que la civilización nos ha dotado de un sentido más amplio y más certero para comprender las grandes verdades de la vida; que el hombre de hoy es menos imperfecto que el de ayer; que los sabios comprenden mejor la existencia o la ausencia de Dios que quienes viven en el desierto intelectual de los campos? —le observó mi compañero.

—Probablemente los sabios comprenden mejor la existencia de Dios que el resto de los hombres; la ausencia de que usted me habla, no pueden comprenderla, sencillamente porque esa negación excluye la sabiduría, contestó el anciano de modo rápido y solemne. En cambio, los hombres de conciencia limpia y corazón sencillo lo sienten mejor y más cerca, porque lo encuentran en la naturaleza, radiante y desnuda como la mujer del Paraíso; libre de la túnica dorada con que la civilización oculta su inmortal belleza.

"Que el hombre de hoy es menos imperfecto que el antiguo", es opinión que choca con la realidad histórica, sobre todo en su aspecto moral: el habitante actual de los palacios y el que habitaba antaño las cavernas llevan dentro de él, el mismo lobo de que nos hablaba Plauto. Si lo duda, escuche ese grito de espanto que emerge de los cuatro rumbos del planeta: es la Humanidad la que clama inútilmente en ese miserere que asciende al Infinito, como una tromba de lágrimas, de sangre y de odio; la que clama en esa locura que enrojece los ríos y los mares, convierte las ciudades en pavesas y abre abismos seculares entre pueblos hasta ayer hermanos. ¡Es eso... la segunda guerra mundial, la que me está dando la razón!

No clamo torpemente contra el progreso; sencillamente me lamento de las aplicaciones malsanas que de él se hacen.

La agonía de la tarde regaba el cielo de rubíes y poblaba de trinos la arboleda.

Frente a aquella prodigiosa sinfonía de notas y colores, que ocasionaba el deslumbramiento del milagro, el anciano exclamó: ¡Qué grande es Dios!

Olvidó en este punto el relato de su historia, y en la blancura de su barba tembló el éxtasis que inspira lo sublime.

—¿Has visto a Dios alguna vez, abuelo? —le preguntó el niño.

—¡Muchas! —le contestó el anciano.

—¿En dónde?

—¡Escucha! ¿Quién construyó esa cerca que tenemos por delante?

—Pedro —respondió el niño.

—Cuando hemos visitado las heredades de nuestros vecinos y hemos visto otras cercas, ¿quién piensas que las ha construido?

—Pedro —repitió el inocente, imaginando que todos los peones se llamaban como el de su cortijo.

—Puede llamarse Pedro o Juan el constructor. Lo que importa que comprendas es que no se hicieron por sí mismas aquellas cercas.

—Ya comprendo.

—Esas flores blancas como estrellas de plata que salpican el verdor de la pradera y el espacio azul, ¿quién las hizo?

—Eso sí no sé, abuelito.

—No fue el hombre, incapaz de construir un sólo átomo de materia: son las huellas que Dios dejó a su paso. ¡Allí lo he visto, muchas veces!

El manto de rosa que cobijaba el mundo iba cediendo al ropaje de tinieblas de la noche; las voces que se apagan con el día al rumor de la oración, que en el ave es canto y en el astro, luz.

—¡Arrodíllate y ruega, hijo mío! —dijo el anciano a su nieto—. ¡Ruega por los que lloran y por los que mueren! ¡Por los que matan y hacen llorar!

—¿Para que Dios los castigue, abuelo?

—No, hijo; para que los redima. Esos desgraciados que, como carbones siempre encendidos van abrasando vidas inocentes, en más de una ocasión se trasmutan en diamantes, purificados por el sufrimiento o iluminados por el fulgor inefable de los buenos y los justos. ¡Ruega por ti!

—¿Le pido un caballo o una estrella?

—¡Pídele algo mejor! ¡Pídeles que tu nombre nunca vaya unido al dolor que causan los malvados!¡Que los infortunados que llamen a la puerta de tu casa, te bendigan al marcharse!¡Que aunque vivas tantos años como he vivido yo, te conserve siempre lo mejor que ahora llevas dentro de ti: el corazón inviolado de un niño! ¡Que cuando te vayas de este mundo y llegues hasta El, puedas mostrarle tus manos limpias de sangre derramada por tu culpa y de manchas que dejan los dineros mal habidos!

—¿Vacías, entonces?

—¡No, llenas de luz, porque en ellas florecerá el bien que sembraste en los surcos del camino!

Aquel niño de rostro angelical, postrado en la llanura inmensa, juntas las manos, los ojos suplicantes mirando al Infinito, encarnaba el vuelo azul de una plegaria.

—¡Frente a esa inocencia sonrosada, ascendiendo al cielo por el hilo de luz de una oración, se avasallarían las concienciás más incrédulas! —murmuró mi amigo con acento en que vibraba un fervor tan hondo y una aspiración tan alta, que imaginé que era otra la persona que hablaba de esa suerte.

Aquella alma blanca que inundaba el ambiente de pureza, porque era la de un niño; las palabras del anciano golpeando en nuestro espíritu con la solemnidad de un siglo de verdad y de justicia; la hora impregnada de misterio, nos hicieron comprender que estábamos muy cerca del Señor.

Poseídos de estupor sagrado; sintiendo que atravesaba nuestras almas el frío que Job sintió una vez, le pedimos entonces, como se lo estoy pidiendo ahora, que nos concediera la bondad inextinguible de su gracia.

DOLOR Y LUZ PERDIDOS EN LA SELVA

Era la mañana del veinticinco de diciembre de mil novecientos. Alguno que otro trasnochado caminaba, con paso inseguro, por las calles de nuestra vieja capital. En alguno que otro barrio se escuchaban, todavía, las últimas y melodiosas notas del clásico acordeón.

Llegaban a Tegucigalpa y venían de su casa, pobre tugurio sumergido en la selva y situado sobre una de las colinas que se levantan en torno a la ciudad, un anciano y un niño. Aquel era hombre de mejores tiempos: florecía en su barba, la blancura, y en su corazón cantaba, perpetuamente, como pájaro del cielo, la bondad. Al través de los ojos azules del infante se miraba el ángel que había perdido las alas al trocarse en niño.

Erguido, sonriente, iluminado por algo que imaginaba la rotundidad de un triunfo, el pequeño se internó por la primera callejuela que encontraron al paso. Cuando Julio César regresaba victorioso de las Galias, no sentía más orgullo que nuestro héroe diminuto en semejante ocasión: un tamborcito suspendido de vistosa cinta que le cruzaba el pecho y un clarín monísimo que empuñaba en la diestra, obsequio del Niño Dios en la recién pasada noche y que el chico quería mostrar a todo ser viviente, motivaban aquella marcha triunfal de que participaba, complaciente, el buen anciano.

De pronto el chico se quedó atrás, aparentemente extraviado. El abuelo regresó en su búsqueda y lo encontró departiendo cariñosamente con un muchachito andrajoso, de aspecto enfermizo y cojo para complemento de su infortunio. Este tenía entre sus manecitas pálidas y temblorosas, el clarín y el tambor, y en sus ojos dilatados el deslumbramiento que inspiran los milagros.

—Continuemos, hijito —le dijo el viejo—. Estamos apenas en las primeras casas de Tegucigalpa.

—Regresemos a casa, por favor, abuelo. Ya no iré a la ciudad —contestó el niño—, tomando de la mano al octogenario y dejando al pobrecito los juguetes.

— ¿No te harán falta, hijo mío?

—¡No me harán falta! —contestó, firme el acento y radiante la mirada...

Él es más pobre que yo... no puede caminar y está enfermo... ¡El clarín y el tambor lo harán feliz!

El anciano irguió su cuerpo encorvado por el peso abrumador de ochenta navidades; sintió que en él renacía su juventud primera, cuando, gallardo, empuñaba la bandera de la patria grande en jornadas gloriosas y, enjugándose una lágrima con la manga de su blusa, gritó vigorosamente:

—Dios mío, ¿cómo puede caber el corazón tan grande de mi hijito dentro de su cuerpo... tan pequeño?

Los transeúntes que le escucharon detuvieron el paso, pensando tal vez que aquel viejito, de irreprochables costumbres, se había achispado casualmente en la noche que había terminado muy pocas horas antes.

Pasó otro año, que dejó en pie al abuelo y al nieto y se llevó a María, la hija de aquél, madre de éste y viuda de un oficial caído en alguna montonera. Era ella, en su esencia abnegada y generosa, madre de aquellos huérfanos de la fortuna; cultivaba el jardín y hacía estallar ramilletes de magníficas campánulas en las grietas del ruinoso muro; cultivaba la esperanza en el corazón cansado de su padre y hacía florecer dulce sonrisa en la boca del anciano; cultivaba la alegría en el alma de su hijito y éste le pagaba con la música inefable de su risa. El viejo solía murmurar cuando creía que ninguno lo escuchaba: María es portentosa jardinera en los jardines dolientes de la vida.

Calor y luz daba la hija al invierno que nevaba en el alma del octogenario; luz y calor que él sentía muy hondo e indirectamente exteriorizaba cuando hablaba a su nieto de las excelencias del campo.

—¿Por qué esa música que se concierta en el Parque Morazán no suena en el patio de mí casa? ¿Por qué no alumbran en mi cocina, cuando por la noche ando trasteando alguna fruta, esas lucecitas que parpadean en las calles de Tegucigalpa? ¿Por qué no tenemos aquí casas enormes y una ciudad grandísima como las que vemos cuando bajamos, abuelo?

—Escucha, hijo mío —e contestaba el anciano: —esos trinos que se desgranan en la arboleda son tan armoniosos y más puros que las notas musicales que de allá nos llegan; en ellos vierte un pajarito toda la ternura que guarda el corazón. La brisa que, como arco de violín de

Dios, pasa una y otra vez sobre el cordaje de la selva, entona himno perpetuo e inimitable al infinito. Ellos, los que en Tegucigalpa viven, tienen la ciudad; minúscula y estrecha si se compara con lo que nosotros tenemos a la espalda: la montaña azul, sonora e inmensa.

Y levantando la mano rugosa y enflaquecida, señalaba a su nieto las miríadas de astros que tiemblan en el fondo de los cielos, diciéndole: innumerables y radiosas son las lámparas que sobre nuestra cabeza alumbran.

—Viene la aurora, espléndida, dejando caer gotas de rocío como lluvia de diamantes y nosotros la saludamos, descansando tranquilamente en nuestro lecho, porque el tiempo destrozó las puertas de esta casa. Aquí, confundido con la naturaleza, el hombre satisface su sed de espacio, la aspiración de lo inmenso, el anhelo cósmico que vive en ciertos seres y que la ciudad ignora; aquí nuestro pensamiento sube por la espiral del ensueño y se sumerge en la gloria insondable del azul. En más de una ocasión vive, dentro del campesino, de modo ignorado pero cierto, inmenso fondo de poesía. Imagínate, a uno de nosotros, sobre la cumbre más alta de la sierra, frente al portento de un crepúsculo, soplando en un carrizo melodioso cuanto de bello y noble llevamos en el alma. Ninguno escribe eso: lo recoge el aliento vertiginoso de la montaña y en sus alas lo lleva, volando sobre lo inconmensurable y eterno.

—No te entiendo, abuelito —le observó oportunamente el niño.

—Tienes razón, hijito... cuando seas hombre sentirás lo que yo siento.

Uno de tantos días la hija del anciano no pudo abandonar el lecho. En una de las siguientes auroras escuchó a la muerte que llamaba a la puerta de su casa y, sabiendo por quién venía, se fue con ella, calladamente, de puntillas, para no despertar a los suyos, rumbo a la eternidad. Me imagino que el alma de María, después de muy pocos avatares, se quedará muy cerca de Dios, trasmutada en estrella, pequeña, azulada y temblorosa.

Después de aquel viaje sin retorno, la noche se hizo en el tugurio; densa, fría, despiadada, sin un rayo de luz que rasgara la oscura inmensidad del horizonte.

Pasó otro año y llegó otra Noche Buena. El abuelo, torturado por crueles dolores físicos y hondas pesadumbres, no podía dormir:

vendría la mañana siguiente y el pequeño no encontraría, por primera vez en varios años, su regalo de Navidad...

¡Le falta su madre! —se decía el viejo, suspirando dolorosamente.

Sonaron las once de la noche en el reloj de catedral. El anciano se enderezó en su cama y observó, con sorpresa muy amarga, que el inocente, arrodillado en su lecho, juntas las manos, miraba al cielo por las ventanas rotas que dejaban penetrar la luz de los astros.

—Oye hijito —le observó con el acento titubeante de quien teme confesar un crimen—: el Niño Dios vendrá... ¡hasta el último del mes!... ¡Espéralo con paciencia! ¡Él te traerá tus juguetes!

—No vendrá, abuelito —le interrumpió el pequeño, de modo cariñoso—, porque el camino que llega a mi casa es muy oscuro y él debe sentir miedo a los muertos y a los lobos... Le estoy pidiendo algo que me puede dar sin venir, porque él lo puede todo: algo que para mí vale más que las virtudes campesinas de que me hablas diariamente y en ocasiones, dos veces al día: la música de las aves del cielo, la montaña azul, sonora e inmensa; las estrellas luminosas y, sobre todo, mucho más que todos los juguetes del mundo...

—¿Qué le pides, entonces? —dijo el anciano con voz trémula, imaginando que el chico pediría al Niño Dios lo imposible: que le devolviese a su madre.

—Le estoy pidiendo, desde hace mucho tiempo; todos los días y todas las noches... ¡Que alivie tus dolores, abuelito! —contestó el pequeño sollozando.

El anciano trajo al niño a su cama, le aseguró que muy pronto estaría bien y, pocos minutos más tarde, en la misma almohada y con el mismo y apacible sueño, se confundían los cabellos de oro del nieto con los cabellos de plata del abuelo.

Si alguien hubiera estado cerca habría observado que, al soplo tranquilo de la respiración de quienes dormían, se mezclaba el suave rumor de un vuelo, y habría visto, poseído del estupor sagrado que inspira lo grandioso, lineamientos de alas que se agitaban sobre aquellos infortunados de la vida.

¿Era el afecto, divino perfume de las almas, el que de la eternidad llegaba, protegiendo la desgracia?

Era, indudablemente, el alma de María, que volaba solícita e inquieta, sobre la cabeza del ángel y sobre la cabeza del justo, trayéndoles la paz.

ENCONTRÉ A DIOS

Un distinguido periodista y poeta muy gentil, y un buen doctor iban de paseo por el campo.

Discurrían sobre el origen de los mundos y las primeras y últimas causas de la vida en el planeta que habitamos.

Expuso el periodista los diversos sistemas cosmogónicos por los sabios del oriente y occidente en otros tiempos concebidos. Y los de actualidad, fundamentados en estudios con científicos raigambres, terminando por repetir, una vez más, su concepto personal en tal sentido: Universo y vida son productos exclusivos de materia y fuerza; el hombre, que se llama gran señor en el planeta, es en realidad miserable esclavo de las supersticiones con que ha encadenado su propia libertad, y a manera de corolario, agregaba: su fantasía, espoleada por el miedo, frente a la naturaleza embravecida, creó a Dios y, naturalmente, el alma que, dice, con él lo comunica.

Yo no he encontrado en mi camino al Ser Supremo de que me hablas con frecuencia; pero sí he encontrado, en la fisiología del cerebro, las funciones que al alma se atribuyen. El pensamiento es producto del cerebro como la bilis lo es del hígado. La memoria y otras facultades de semejante índole, también lo son. Si se amputan en capas delgadísimas, de manera sucesiva, las sustancias gris y blanca cerebrales, todas las manifestaciones, equivocadamente llamadas del espíritu, irán desapareciendo una a una. Si ese órgano sufre pérdidas de sustancia o lesiones por accidentes o enfermedad, se pierde la razón de modo muy frecuente o se manifiestan tendencias criminales.

Pero te estoy hablando de conquistas científicas que conoces muchísimo mejor que yo, porque entran en tu campo profesional. Y es esta consideración, precisamente, la que me asombra cuando te observo confundido en ciertas creencias ingenuas con la enorme e ignara masa humana. Debemos buscar la verdad serenamente, como el cirujano que investiga la presencia del cáncer en el fondo de la entraña.

El médico contempló con benevolencia a su buen amigo. Y así le contestó: Es en verdad el estudio de la fuerza y la materia, y sobre todo, el de la vida, especialmente en lo que al hombre se refiere, el que me ha dado convicciones que hasta entonces no habían pasado de recuerdos muy queridos de mi infancia; pero en realidad, como en tu caso, preñados de dudas para mí. Aquel estudio me orientó, pero a diferencia de lo que entiendes, por rumbos distintos a los tuyos.

El sistema cosmogónico expuesto para explicar el origen de los mundos, aunque hipotético, viene amparado por observaciones de seriedad indiscutible. Mientras no se nos ofrezca algo más aceptable, lo consideraremos lógico. Y sin embargo, involuntariamente recordamos este concepto de un ilustre sabio inglés: El número total de estrellas del Universo quizá no baje del número total de arenas que se encuentran en las playas de todos nuestros mares. Y si reflexionamos que de ese número astral apenas sabemos algo de muy poco, comprenderemos cuánto es lo que ignoramos.

Los restos y huellas que a millones de años se remontan y que en rocas estratificadas se observan, son letras y palabras y páginas del Libro de la Naturaleza, en que los sabios han querido leer el principio de la vida en nuestro mundo.

El estudio del cerebro y las funciones de que hablas tiene algo de lo que entiendes; pero has cometido la equivocación, muy frecuente en estos casos, de llegar a conclusiones generales basadas en conocimientos particulares y, por lo mismo, falsas.

¿Por ventura prueba esa insignificante suma de adquisiciones científicas, que Dios no existe y que el alma es una invención absurda?

Escúchame serenamente; con toda la serenidad que invocas para hacer labor efectivamente útil.

—El materialismo, en otros tiempos defendido por hombres eminentes, ha cambiado de frente en el terreno científico. Nada no mental ha sobrevivido del antiguo panorama —dice Eddington.

—Empezamos a ver el Universo más bien como un gran pensamiento que como una gran máquina —dice Jeans. Y en otros párrafos completa su concepto de esta suerte: "La mejor descripción del Universo, aunque imperfecta e insuficiente, sería la de que consiste en puro pensamiento"... "Por las pruebas intrínsecas de su creación el Gran Arquitecto del Universo empieza a manifestársenos como matemático".

Observa que no invoco la opinión de místicos, de poetas, de soñadores, de quienes penetran en lo infinito por el camino de la fe o de la imaginación, no porque crea que esos transitan siempre fuera de la verdad o de la ciencia, pues en más de una ocasión llegan, de modo intuitivo, a donde la lógica jamás llegó; sino para colocarme al margen de observaciones apasionadas que esgrimir pudiera el crudo materialismo que sustentas. Sabes muy bien que Eddington y Jeans son nombres ilustres en la historia de las investigaciones físicas.

Mi ilustre amigo, el doctor Jinarajadasa, una de cuyas conferencias me ha servido en algunas de estas citas, escribe así: "Francisco Bacon predijo esta época en que la Naturaleza sería observada de conjunto. Vio que al principio la observación daría por resultado una especie de ateísmo; pero también previó la siguiente etapa, puesto que dijo: un poco de filosofía aleja al hombre de Dios por atribuir demasiadas cosas a causas secundarias; pero la profunda filosofía conduce al hombre otra vez a Dios".

Te diré algo de lo mucho que he observado. He visto en la gota de agua tomada del arroyo y colocada sobre la platina del microscopio, el mundo vivo de lo infinitamente pequeño, tan admirable desde cierto punto de vista como el mundo de lo infinitamente grande que al través del telescopio los astrónomos contemplan. He visto más; he visto cómo se combate por la vida en la intimidad de nuestros tejidos. Expuestos a la observación microscópica los vasos capilares de tejidos vivos e infectados, he observado a los glóbulos blancos, llamados monocitos, saliendo de aquellos vasos como salen de sus trincheras los soldados valerosos, a defender el propio territorio, combatiendo de inmediato al invasor, con la ardentía con que se defiende la justicia.

La invasión es frecuentemente anunciada por la fiebre, el dolor y otros síntomas, que en1 realidad son centinelas que alertan de modo elocuentísimo sobre la necesidad urgente de atender lo que anda mal. Más todavía; en ciertos casos las células que han vencido en uno o más combates, aprenden las lecciones que les dicta la experiencia bélica para evitar nuevos ataques, volviendo inmune al organismo contra ciertas enfermedades. El estudio de la fuerza y la materia inerte enseñan que no son éstas las que ponen a caminar, a sentir, a pensar al hombre. Es aquello, es la vida, sabia y previsora; es la acción dirigida con táctica admirable; es el acopio de conocimientos por los elementos primitivos del organismo que tienden a salvar el porvenir. Esto, a la luz de la razón, sugiere lógicamente un constructor. ¿Quién es? Pronto lo sabremos. Más que la inteligencia es la intuición, ésa que inspira a los genios, penetra en las sombras del pasado y anuncia el porvenir; inventa o descubre lo que hasta entonces se consideró imposible, la que ha logrado entender y traducir en alguna proporción las voces eternas de la vida. Refiriéndose a esto dice Bergson: "La inteligencia no ve por todas partes más que un mecanismo inerte, que es incapaz de comprender, y por lo tanto es necesario que la intuición venga a llenar las lagunas que deja la inteligencia".

A propósito, una referencia: el profesor Bottomley explicaba, dictando una clase de botánica elemental, lo que es el protoplasma, agregando cuando trató de explicar lo que es la vida: "Todo es misterio, insondable misterio. Estamos frente a una puerta cerrada".

Un niño, que le escuchaba, le interrumpió, diciéndole: "Señor profesor, ¿no será Dios el que está detrás de esa puerta?". Esta expresión infantil, profundamente reveladora de un espíritu intuitivo, fué considerada como sabia por los sabios. Contesta la pregunta que hicimos sobre el constructor de todo cuanto existe, explicándonos que no es el hombre, incapaz de hacer un sólo átomo de materia, sino Alguien que ha dispuesto las cosas de modo preciso, inmutable, matemático.

Contempla en noche callada, propicia a la penetración intuitiva en la entraña de los seres y las cosas, esos mundos que surcan en órbitas inmutables y eternas el espacio, obedeciendo a un plan sencillamente portentoso. Suprime por un momento esas leyes directrices y déjalas a merced de la materia y fuerza de que me hablas. Imagínate cómo en esas condiciones hipotéticas saldrán esos mundos de sus órbitas, y tendrás el cataclismo universal plasmado en polvo. Indudablemente hay una finalidad precisa y previsora en todo lo creado.

—En el fondo de esa sima, que se diría un tajo a la tierra inferido por algún gigante de leyenda, el torrente brama. ¿Puedes decirme con qué finalidad? —interrumpió el periodista sonriendo con sonrisa victoriosa.

—Esa voz advierte al viajero nocturno que debe transitar cauteloso por allí, evitando despeñarse; esa voz anuncia la vida al que sufre sed ardiente de aguas frescas en los días fatigosos del verano; esa voz promete verdes campos, flores magníficas y sabrosos frutos en no lejanas heredades; esa voz es verbo elocuente para quien, "buscando la verdad con toda el alma", como Platón quería, se detiene a observarla y traducirla en todas partes —contestó el doctor.

Y continuó así: Allá arriba y aquí abajo; en los astros y en los átomos, todo tiene una misión muy alta que cumplir. La muerte misma es una sabia finalidad, tan fecunda como la vida.

Tú entiendes que es el cerebro el órgano exclusivo del pensamiento, y corrientemente así se cree; pero en el estudio hondo de semejante función se ha llegado a conclusiones distintas: "El hombre piensa, inventa, ama, sufre, admira y ruega con su cerebro y con todos sus órganos", dice el doctor Alexis Carrel.

Y cuando se piensa en que la deficiencia funcional de ciertas glándulas de secreción interna, como la tiroides, las sexuales, las suprarrenales y otras modifican profundamente la inteligencia, se comprende cómo es de real en su contenido aquel concepto de uno de los sabios más excelsos de la humanidad. Esto varía un poco la opinión que tú tenías de lo que llamabas "secreción del pensamiento".

Ahondemos un poco más en este estudio e irás comprendiendo cuánta es nuestra ignorancia sobre el particular. Por qué el genio y la locura tienen, en más de una ocasión, ¿tantos puntos de contacto? Por qué el genio, la locura y el crimen se han fundido en el alma de algunos grandes y funestos capitanes de la historia, ¿que pasaron incendiando y deslumbrando com1o el rayo? ¿En qué órgano residen las indiscutibles manifestaciones de la clarividencia y de todo eso que penetra en la conciencia por vías que no son las usuales, las de los cinco sentidos; sino por ése que el profesor Richet ha llamado el Sexto Sentido? ¿Por qué en Lourdes se realizan, mediante sinceras oraciones, curaciones instantáneas de tuberculosis, lupus, cáncer, etc., etc.?

¿Cómo se explica que en algunos casos, «en el momento de la muerte o de un gran peligro, un individuo se pone en cierto género de comunicación con otro? El moribundo o la víctima del accidente, aún cuando dicho accidente no sea mortal, se aparece a su amigo en su aspecto acostumbrado. Generalmente el fantasma permanece silencioso. Algunas veces habla y anuncia su muerte». Es el doctor Carrel quien afirma estas manifestaciones que la escuela científica oficial y ortodoxa desdeña o niega, como lo hizo en otro tiempo con las afirmaciones de Galileo y de Pasteur, entre otros varios.

En la Universidad de Duke (Estados Unidos de América), el profesor Joseph Banks Rhine ha realizado más de cien mil experimentos sobre adivinación y telepatía, comprobando su indiscutible realidad.

Las personas dotadas de ese extraño poder están de acuerdo en que no pueden localizarlo en un órgano propio, de la manera como se localiza la vista en los ojos, la audición en los oídos, etc., etc., sino que actúa de manera general y total. Tampoco puede explicarse la telepatía y la adivinación por ninguna teoría de radiación. Debemos considerarlas como dotes de la mente, separadas de todos los sentidos —dice Ernest Hunter Wright.

Los fisiólogos, los psicólogos, los criminalistas y los médicos no han explicado estos fenómenos de manera satisfactoria "porque la conciencia está situada a la vez dentro de la materia cerebral y fuera del continuo físico".

Cuando se penetra en la intimidad de los tejidos vivos, pues los muertos dan una idea incompleta de los mismos, el biólogo se encuentra con sorpresas asombrosas: desde la célula hasta el órgano más complejo parece que pensarán de modo independiente del cerebro. Los más grandes ejemplares del tipo leucocitario son combatientes más capacitados y heroicos que los mejores tácticos del mundo; los glóbulos rojos son proveedores de oxígeno y eliminadores de ácido carbónico, realizando de esta suerte una doble y delicada función que mantiene la llama de la vida y la defiende de lo que extinguirla puede.

El riñón es un filtro; pero un filtro milagroso porque piensa, si se me permite la expresión: la industria humana puede construir y ha construido algo de estructura semejante; pero de resultados muy distintos y muy distantes de los que el riñón realiza, sencillamente porque a aquel artefacto le falta vida. Nuestro órgano deja pasar las sustancias venenosas y retiene, inteligentemente, las útiles al organismo. El hígado almacena, como puede hacerlo una eficiente dependencia económica del Estado, ciertos productos, entre ellos el azúcar.

La entrega solamente a medida que el organismo la va necesitando, evitando, como buen agente de control, todo derroche. Si el hígado enferma gravemente hasta hacer incompleta aquella función controladora, viene, con la diabetes de ese origen, la bancarrota del capital azucarero. No es esto todo: los tejidos y órganos de la vida vegetativa sustituyen la inteligencia ausente o corrigen y suavizan sus faltas. No es raro observar a ciertos niños que comen ávidamente la cubierta blanca de algunas paredes. Los padres los castigan con la mejor intención del mundo; pero sin resultado práctico y sin motivo justo: ignoran que a sus pequeños les falta calcio, que es lo que los tejidos buscan y toman, como si pensaran, en pequeñas proporciones, de las paredes mencionadas. Algo semejante a lo que ocurre con ciertas aves de corral, que comen la cáscara de sus huevos. Los médicos y los avicultores satisfacen acertadamente aquella deficiencia proporcionando calcio a unos y a otras.

Cuando se abusa de bebidas alcohólicas o se ingieren productos alimenticios intoxicados, para el caso, el hígado, los riñones, los pulmones, la piel y otros órganos nos protegen valientemente contra esas faltas intelectuales y debilidades volitivas, colocándose más alto que el cerebro.

En resumen, los fenómenos de orden intelectual, moral, estético, etc., son muy complejos y de conocimiento todavía obscuro, porque, repitiendo el concepto del doctor Carrel, "la conciencia está situada a la vez dentro de la materia cerebral y fuera del continuo físico".

En este momento el periodista interrumpió al doctor, exclamando: ¡Mira ese prodigio! Y le señaló un nido: suspendido de una rama en flor, bajo el cielo inmenso, sobre el abismo insondable, aquél se balanceaba al soplo de la brisa matinal. El pájaro cantaba, inundando de música la selva y de sueños el espíritu. En aquellas ondas de armonía temblaba, vigoroso y tierno, un cántico de amor.

El campo estaba verde, azul el espacio, de oro el sol, oliente todo a primavera. Cuadro digno del palacio diminuto y portentoso que el poeta contemplaba.

—¡Qué bello es eso! ¡Escucha! Allí pían los pequeños y trina la esperanza —dijo.

—Estás en lo cierto, contestó el doctor; eso es muy bello. Si como tú pretendes para creer en lo intangible, esas notas pudieran convertirse en bronce, exornarían en labor de orfebre inimitable el asa de una ánfora griega o una copa tallada por Benvenuto para ofrecerla en los festivales dionisíacos de un rey; si se condensaran en luz, una lluvia de ensueños caería del iris de un soberbio arco veraniego; si en perfume, la mirra que ofrecieron a Jesús los Reyes Magos encarnaría esa música primaveral.

—Continuemos —dijo el periodista—; no has contestado mi pregunta: me has referido lo que algunos sabios dicen; lo que otros creen; lo que tú has observado como reflejo de tu concepción magnífica; pero... no me has mostrado a Dios, ni me has convencido de que lo has visto. ¿En dónde está?

—¡En todas partes! —contestó el doctor—. Abre los ojos y contempla el Universo, que en él encontrarás su paso: los astros en el fondo del espacio y las flores en la esmeralda en la inmensidad del campo son sus huellas...

—Entonces tu buen Dios es tan bueno que ha negado la ventura de contemplarlo a quienes nacieron ciegos —interrumpió con ironía el periodista.

—No —le contestó su amigo de inmediato—: ellos lo contemplan en el fondo de su espíritu, que es tan infinito como el Cosmos; ellos, frecuentemente lo comprenden mejor que los que tenemos luz en los ojos, porque son más desgraciados; en una lágrima, que en ocasiones simboliza una tragedia, se siente a Dios.

Está en todas partes, repito, y en este minuto lo encuentras en ese nido; en la vida de los polluelos que lo habitan; en la música indefinible de ese canto; en el corazón enamorado de ese pájaro, cuyos trinos son notas de lenguaje que habla a Dios.

—De qué le habla? —observó el periodista.

—Ora, porque es feliz —contestó su amigo.

—¿Y si fuera desgraciado, naturalmente, callaría? —preguntó aquél.

—Entonces cantaría una plegaria —contestó el doctor—. Tú eres bueno; la suerte te sonríe y sientes que estalla en esperanza en el fondo generoso de tu alma. Llevas caliente el corazón, amas la vida, miras confiado el porvenir; pero no sabes lo que su reverso nos ofrece. Tienes menos de treinta años. Espera, que el tiempo, esa cuarta dimensión del hombre es fecunda en enseñanzas. Espero que las aprenderás en otros.

Pasó el tiempo. La distancia, no el afecto, alejó a los protagonistas de esta verídica historia. Uno y otro dejaron muchas gotas de su propia sangre en las piedras del camino. Y muchas gotas de luz, sangre de su espíritu, en la conciencia de otros hombres. Uno y otro fueron por distintos rumbos y vieron muchas cosas.

Regresó el periodista, hace pocos meses, de Europa atormentada. Venía de Francia ocupada, y traía muy adentro la trágica visión de un pandemonio. Vieron sus ojos las fuerzas del mal, en Alemania sueltas por las manos de un loco que la mística de su pueblo entronizó; vieron condenado el patriotismo que clarineó el verbo del porvenir en días presagiosos de tormenta o se negó a someterse al yugo del conquistador menguado o clamó, a los cuatro rumbos, justicia y libertad. Y sus oídos escucharon, con asombro, llamar bandidos a los héroes y héroes a los bandidos, acaso porque éstos llevan las manos tintas en sangre de inocentes o de rebeldes que se quiebran como estatuas de antiguos dioses bajo los proyectiles nazis.

De nuevo los amigos se encontraron. El poeta y periodista había escrito un poema inmenso, que el doctor leía con admiración y con cariño. En él se escuchan los pasos sepulcrales de los bárbaros modernos, hollando el tesoro de ciencia y arte depositado en el Arca Santa de París. Van las mujeres, los ancianos y los niños huyendo, en tropel confuso y loco, por los caminos en que la ciudad luminosa y musical vierte fugitivos; han sido arreadas las banderas que vieron el sol de cien victorias; Joffre y Foch dejan su tumba y, como genios tutelares de su patria montan guardia en solitarias fortalezas; medita en las tinieblas la sombra augusta de Clemenceau; la cabeza inmortal de Víctor Hugo, pálida y radiosa, dice a los oprimidos de la tierra frases que alumbran como soles, en esta hora nefanda de conquista.

¡Ha sido profanado con el saludo del pirata el monumento que unge de gloria al Corso inmenso, y las águilas han volado de sus nidos! Sobre esto y sobre todo se está escribiendo, con fuego, allá arriba, en el fondo oscuro del abismo, por Aquél que recoge las lágrimas y la sangre y los dolores de las víctimas de este atraco internacional, la sentencia de reparación y de castigos que vio Baltasar en tiempos viejos, y… que no tardará en cumplirse.

Se siente al creyente en aquellas líneas; Dios palpita en ellas y el alma luminosa del poeta se transparenta arrodillada.

—¿Recuerdas aquel árbol, aquel nido y aquella ave? —dijo el poeta—. Ayer pasé por allí, por el lugar en donde discurrimos largamente, hace tantos años: aquello me dio la medida del tiempo que pasó y sobre todo, del "tempo" nuestro. Nada queda en pie; ni una hoja del árbol caído, ni una brizna de paja del hogar destrozado, ni una cándida pluma del pájaro muerto. El rayo mató a el árbol; el viento mató al nido y el tiempo, implacable, silenció la música y al dulcísimo cantor. Y sin embargo, vive en mi espíritu, trasmutado en recuerdo armonioso y palpitante; iluminado por tu verbo encendido de razonador creyente, alejado de dogmas y prejuicios, como soberbio leñador que tala el bosque mental de infundadas ilusiones, y afirma, convencido: que Dios está en todas partes y, en aquel momento, en el corazón enamorado de un pájaro, cuyos trinos eran notas del lenguaje en que le hablaba.

—¡Al fin encontré a Dios, que yo negaba, mi querido hermano! —exclamó profundamente conmovido—. En las horas felices de mi vida, en aquellas horas de mi juventud que se deslizaron, límpidas y sonoras como aguas de fuente cantarina que corre en la llanura, no lo comprendía. Era necesario que yo viviera las negras horas de otros hombres y de pueblos muy distantes para dejar la encrucijada y tomar el camino luminoso. Allí, como Saulo, sentí su aliento y escuché su voz. Lo encontré en los dolores que ahora muerden a pueblos del viejo continente; en la resignación de las mujeres mártires frente al cadáver de su esposo o de sus hijos; en la esperanza definitiva e inmutable en la victoria del Derecho. En alguna ocasión mis costumbres de periodista inquisidor me llevaron a un hospital: iba en busca de noticias de la guerra. No encontré éstas, sino otras... que parecían llegar de más allá de la vida. ¡Escúchame! Un soldado agonizaba. Hablaba de manera fatigosa, pero eran serenos sus conceptos. Dirigiéndose a su madre, a su esposa y a sus hijos, les anunciaba, con acento profético, que Francia y el mundo serían muy pronto redimidos. Francia no ha caído, como el mundo piensa, para no levantarse más de lo que juzgan su ignominia, exclamaba. Enclavada en una cruz por los traidores, descenderá como siempre, inmortal e inmaculada. Refiriéndose a sí mismo, agregaba: La vida es para el hombre una condena, muy dura de pagar, de la que saldré próximamente. Sin solicitarla, estoy recibiendo mi carta de libertad, que Dios me envía. Ustedes debieran estar contentos, dijo con voz tan apagada que parecía un suspiro, porque me estoy acercando a Él. Siguiendo la dirección de su mirada, ví, sobre la cabecera del lecho, iluminado por un cirio, al Mártir del Calvario, abiertos los brazos e inclinada la frente sobre el héroe agonizante. Sólo Dios puede dar esa enorme suma de fuerza moral que convierte el miserable barro humano, cuando comienza en la agonía a disgregarse, en algo puro como la lágrima que vierte el corazón y se transforma en perla al rodar por la mejilla. ¡Allí lo encontré!

—Sí, contestó el doctor—, lo encontraste en la tragedia humana: cuando la noche se hizo en aquella tierra de martirio, saltaron de tu pluma, alumbrada por ardientes zarzas, las notas épicas de ese himno. Amasado con dolor, fuego y gloria, en este poema, más tierno y armonioso que aquel canto, dejaste el corazón: en él he visto a Dios.

EL HOMBRE FRENTE AL DESTINO

No sé dónde y cuándo he visto lo que estoy escribiendo; pero como ese recuerdo, en sus lineamientos generales, bullía en mi mente, allá en mi infancia muy lejana, pienso que lo he vivido en otros siglos y en otros pueblos, en uno de tantos misteriosos avatares.

Era una estancia bañada de sol primaveral; alegre como el niño que canturreaba algo que hace muchos años olvidé, mientras arrastraba un juguete por el piso.

En una cuna blanca, bajo unas cortinas color de cielo, dormía un pequeñito.

Sonreía de vez en cuando.

—¿Con quién sonríe su hijito, señora? —dije a una dama muy joven y muy bella, que lo contemplaba con amor.

—Conversa con los ángeles —me contestó un anciano de noble aspecto que con ella departía.

—¿Quién es ese señor? —pregunté a la última.

—Es un poeta —me dijo en voz muy baja, hablándome al oído—; tal vez un filósofo, aunque muchos afirman que es, sencillamente, un loco. Ve lo que no ve el resto de los hombres...dicen que su lámpara, esa muy azul que le acompaña, alumbra el fondo misterioso del espíritu.

—Cómo sabe usted que ese niño es mi hijo? —agregó.

—Ignoro cómo; pero estoy completamente seguro de que así es, le respondí.

—El fulgor inconfundible que tiembla en unos ojos de mujer, cuando contempla a un niño, jamás engaña —dijo el anciano—; es único, porque sólo las madres miran de tal suerte. No se copia en lienzos, ni se expresa en palabras como lo acaba usted de comprobar, porque no cabe en moldes tan estrechos; pero en él se siente una chispa desprendida del sol de Dios e injertada en el corazón de un ser humano, cuando se transforma en divino al dar la vida a un nuevo ser.

—Frente a una cuna —continuó—, se piensa en el porvenir, como la esfinge, impenetrable. Y si el inocente descansa sobre harapos, bajo el sórdido techo de un tugurio, el pensamiento es cortante y doloroso como el filo de un puñal.

—Porque el porvenir de un niño sin herencia es un fracaso —le observé.

—El éxito o el fracaso, en cuanto a la vida superior conciernen, son vocablos cuyo sentido está sujeto a la diferencia de criterios, diametralmente opuestos en muchas ocasiones. En alguna de las civilizaciones seculares del Oriente, hombres audaces y geniales cruzaron el espacio en máquinas aéreas. Excavaciones subterráneas en Egipto u otra de esas regiones admirables, prueban la existencia inmemorial de aquellas naves, que el hombre del porvenir habrá de resucitar. Muchos de los que vieron al primer aeronauta ascendiendo por el aire, en un globo primitivo, exclamaron con lástima o desprecio: No desearíamos estar dentro de la piel de ese loco, que a lo mejor se romperá los huesos.

—¿Y si triunfara, poniendo el aire al servicio de una locomoción novísima, que sería un bien inestimable para el hombre? —observó alguien.

—¡En ese caso, tampoco correríamos semejantes riesgos porque no somos... tan imbéciles! —contestaron a coro quienes así pensaban; la inmensa mayoría de los espectadores.

Ese detalle es simbólico; en él asoma su oreja de asno el instinto egocéntrico, que guía casi a la totalidad de la especie humana.

Existen dos criterios, completamente antagónicos: el de los que vuelan muy alto y el de los que reptan sobre las aguas cenagosas del pantano.

Si al principiar la vida se diera a conocer a los niños, con clara visión de lo que tienen por delante, uno de estos dos caminos, los únicos que el destino les ofrece: el que siguen quienes van a ras del suelo, sin ideales muy nobles y sin pesares muy grandes, sufriendo, apenas, las penas materiales, o el otro, que escalan los hombres—águilas, bajo un cielo a todas horas preñado de tormenta; fuera de lugar, porque están muy alto; fuera de tiempo, porque llegaron antes de su hora; si se les ofreciera esa oportunidad de elegir, seguramente la humanidad estaría, casi totalmente integrada por gansos...

—O, lo que sería más expresivo, más bajo, más animal; pero más plácido —interrumpió la dama—, con gesto amargo de reproche y de ironía: la humanidad sería inmensa piara.

—Es probable que su hipótesis sea más acertada que la mía —contestó sin fijar su atención en el tono incisivo de la dama.

—Me preguntaba usted —continuó hablando conmigo—, si el hijo del arroyo está irremisiblemente condenado a fracasar. Desde luego debo recordarle que las águilas se incuban, con frecuencia, magnificando su desgracia, en esos nidos de miseria: bajo sus plumas sangrarán entonces, todos los dolores; a los de la infancia se sumará un nuevo infortunio, el que hiere más hondo y más largo, ¡toda la vida! a quienes llevan mucha luz en el alma. Podría contestarle que no fracasará, si es signo de victoria ascender a una cima en donde soplan vientos que se dirían impregnados de locura, porque pueblan el espíritu de delirios inmensos, que un porvenir muy lejano convierte en portentosas realidades; podría decirle que sí fracasará, porque las frentes que se yerguen en la altura atraen siempre el rayo.

—¿Y si en vez de nacer en un tugurio, le hubiera correspondido hacerlo bajo el techo artesonado de un palacio, sería feliz? —le pregunté.

—El destino no hace esas diferencias: un sombrero raído o una corona real pesan lo mismo en su balanza; es la cabeza ilustre que ellos cubren lo único que cuenta.

—¿Entonces? —le dije.

—Entonces, los menos desgraciados son los que integran la masa gregaria; con apetitos, pero sin ideales; con instintos, satisfechos o no, pero sin aspiraciones. Y son éstas, de realización imposible en muchos años, la tortura del infierno que muerde la carne y el espíritu de los hombres superiores. Y sin embargo, la humanidad podría ser menos desgraciada; pero no lo será porque no puede encontrar el camino que ha equivocado por milenios.

—¿Entonces? —preguntó a su vez la dama.

—Entonces, el hombre debiera ir por todos los senderos, abriendo surcos y depositando simientes de verdad y de justicia, sin importarle que lo hiciera en tierras de egoísmo. Si es desgraciado, debe extraer del fondo torturado de su entraña, santa piedad para el dolor ajeno; si no lo es, debe depositar toda la suma posible de ventura en donde ésta falta. Una frase de consuelo, una voz de aliento, una moneda furtivamente deslizada, tienen, casi siempre, el sabor de lo divino y el efecto de la gracia. Debe ir, el corazón abierto, siempre abierto, para que éste escuche el llanto que llega de todos los rumbos e ir a allá, a redimir con el amor y con la luz. Así encontraría un poco de esa felicidad que en vano busca en las riquezas, en el poder, en la conquista, en la opresión, en brutales victorias contra hermanos.

—¿Ha encontrado esa ventura, usted, que ha sido constante sembrador del bien? —le interrumpió la dama.

Calló el anciano y pasó por su frente una sombra cargada de infinita pesadumbre. ¿Aleteaba sobre ella el recuerdo de un sueño sin ventura de sus años mozos? ¿Sangraban en su corazón viejas mordeduras de la envidia y la calumnia? ¿Era el peso abrumador de su grandeza incomprendida el que así lo entristecía?

Esas modalidades de su pena no nos importaban: el silencio que se hizo en torno a su cabeza venerable, decía, hondo y alto, que sí habíamos escuchado y entendido su silencio.

Se sentía en aquella alma la noche que dejó Federico Nietzche en muchas páginas amargadas de sus libros; pero también y sobre todo, en ellas se sentía, como en las flores que coronan el ataúd de un héroe, olor a gloria y a martirio; anhelos sin nombre nunca satisfechos, de unción y de consuelo; de paz y de esperanza para los infortunados de la vida.

Mientras hablaba yo comprendía, más que en sus conceptos, en su acento vibrante y armonioso, algo que iba, como un dardo, recto al corazón. Bajo sus cejas muy blancas y muy luengas, en el fondo pálido del rostro, brillaban dos ojos muy negros, plenos de ardor y juventud, como si el tiempo los hubiera respetado. Sobre su boca triste florecía, dulce, una sonrisa, contrastando con el amargo sabor de sus palabras. El movimiento acompasado de sus manos subrayaba, ennobleciendo, su dicción.

Entonces paré mientes en la lamparita azul de que me había hablado la señora.

—Esa —me dije—, es la de los sueños; la que alumbró a Juan en Patmos, cuando su pluma forjaba relámpagos y truenos para construir su Apocalipsis; la que irradió en la cima del Chimborazo, sobre la frente de Bolívar, cuando escribía la inmensidad de su Delirio; la que imaginó Cervantes cuando hizo cabalgar a Don Quijote sobre su Clavileño de Milagra; la lamparita azul que llevan en el alma todos los poetas, los sabios, los inventores, los héroes y los santos; todos los sublimes visionarios de la historia.

Despertó el niño y apoyando las rosas de sus manos en el borde de la cuna, empezó a hablar.

No entendía la música de sus palabras; pero lo escuchaba con encanto. ¡Inundaba la estancia de gorjeos!

—Yo comprendo lo que habla —dijo la madre—; porque el lenguaje de los niños lo traduce el corazón. Yo veo al través del cristal de sus ojos el fondo inmaculado de su ser, como al través de las aguas del arroyo en la montaña se miran las arenas de oro de su lecho. Yo descifro la alegría impalpable de sus sueños, como el poeta.... porque soy su madre.

Cuando ésta se levantó para atender al grandecito que a horcajadas sobre un mueble, amenazaba con un pequeño cataclismo, dijo el anciano: hay algo que las infortunadas no ven, porque las ciega el amor: el porvenir de sus hijos, casi siempre grávido de penas.

—¡Las alas que el chiquitín lleva a la espalda... se agitan inquietas! —murmuró, mirando atentamente al niño.

Regresó la madre y lo tomó en sus brazos.

—¡Tiene fiebre! —exclamó angustiada.

El bebé había enfermado seriamente. Y sin embargo, reía, como imaginamos que deben reír, allá en el cielo, todos los bebés... cuando se van, mejor dicho, cuando llegan. Y sus ojos ingenuos se detenían, a veces, largo rato, como si contemplaran algo que lo llamara en lo infinito.

Lo atendieron de inmediato unos señores muy serios y muy sabios.

—Pronto estará bien —afirmó alguien.

—¡Quiere volar! —murmuraba en voz muy baja el noble anciano.

Se oscurecía el límpido fulgor de la mirada de aquel niño; la música de su voz temblaba como notas que se extinguen en misteriosas lejanías; su piel rosada iba tomando el color de hoja seca de todo lo que cae.

—¡Quiere volar! —repetía de modo solemne aquel anciano.

Y una tarde de verano se llevaron al niñito, dormido en un ataúd color de armiño.

—¿Cómo fue esto? —sollozaba la madre, dirigiéndose al anciano.

—Voló a Dios, señora, al convertirse en ángel... Para eso eran sus alas y era esa su inquietud. ¡Él... ya es feliz! —respondió, apretando entre sus manos enflaquecidas las manos de nieve de la dama...

Pasaron veloces los años.

El otro niño se convirtió en hombre.

Lo vi caminando por una pendiente escarpada, muy estrecha y muy sombría, cuyo fin no alcanzaba a percibir.

—¿A dónde irá? —exclamé.

—¡Quién lo sabe! —me contestó una voz que había oído en otro tiempo.

Miré atrás y me encontré con el anciano.

—Perdió las alas que hicieron tanto bien a su hermanito —prosiguió—. Esa senda por donde va, es la vida: oscura como la selva de que nos habla el poeta florentino; dolorosa como la vía que recorrió el Hombre del Calvario; larga, muy larga, porque las horas de luto tienen la dimensión de los siglos. Allí lo azotará el huracán de las pasiones que muerden en la carne y en el alma; rodará muchas veces y se levantará otras tantas, para seguir ascendiendo con su cruz a cuestas.

—¿Por qué no regresa o se detiene? —le observé.

—Porque en la distancia alumbra una pálida estrella, que lo atrae con su temblor fascinante... hacia ella camina siempre, sin poder alcanzarla nunca: es la esperanza.

—El libre albedrío podría frenarlo en su carrera —argumenté.

—Es ese otro vocablo que, dicen, contiene una verdad, pero como todas las construidas por el hombre, de significado muy dudoso: el ambiente físico, el ambiente moral, la herencia con su peso milenario; el psíquico inconsciente, etc., etc., son ataduras que no puede romper la voluntad. Uno de tantos días, cuando el hombre cree que ya es suya la esperanza, como si tuviera entre las manos un puñado de la luz del sol, tropieza y se desploma en el fondo de la tumba.

—¿Afirma usted que el hombre marcha sin rumbo, como un sonámbulo? —le dije.

No me contestó, porque había desaparecido.

Queda en pie el sombrío interrogante.

La vida ilustrará al lector si quiere responder a esa pregunta, que ha escuchado tantas veces el abismo.

PANDEMÓNIUM

En alcoba callada y sombría, una dama, vestida de luto contempla a su hijo que juega en la alfombra. Este sonríe al retrato de un joven militar, colocado en trípode cercano y orlado con negros crespones. "¿Vendrá pronto?", dice el inocente. Dios oculta en los años primeros de la vida, con velo piadoso, las negras alas del infortunio: le han dicho al infante que su padre está ausente y él le espera cada nuevo día. Los ojos de la madre, cargados de infinita tristeza, pretenden ocultar una lágrima furtiva, y su boca contesta, temblando: ¡Vendrá pronto, hijo mío!

En ese grupo se siente la tragedia; la misma que a esta hora viven millares de familias en los cuatro rumbos del planeta.

La tragedia de los hombres que se mueren en campos de concentración germanos, hacinados como bestias, insomnes y hambrientos, esperando siempre que llegue un grupo de soldados nazis a elegir diez, cien o más de ellos para asesinarlos contra un muro, sencillamente porque ha muerto, a manos de un patriota, uno de los miserables invasores.

La de los forzados del trabajo, arrancados a su patria y su familia, que construyen artefactos bélicos para que las hordas teutonas destrocen sus hogares y maten sus hermanos.

La de los niños hebreos, atendidos en hospitales para tuberculosos, arrojados de sus lechos, medio desnudos y casi dormidos, a la calle, bajo la nieve, en la noche y en el más completo desamparo.

La de las madres que, abrazadas al cadáver de sus hijos, pálido el semblante, en desorden el cabello, el acento ronco, claman misericordia y piden justicia, desgarrando el silencio de la noche con el dolor de sus lamentos.

La de todas las viudas, de todos los huérfanos, de todos los perseguidos como fieras en su propia patria, por el conquistador menguado; la tragedia que ha desencadenado la guerra, ésta, que gestaron en el fondo obscuro de sus almas y en el transcurso de los años, volcándola un día, de sorpresa, con perfidia, sobre pueblos dichosos e indefensos, los hombres de la banda más poderosa y cruel que registra la historia del crimen en el decurso de todos los tiempos.

A través de la distancia, nuestro espíritu contempla solitarias avenidas de urbes inmensas, regadas con entrañas de mujeres, de niños y de ancianos. Y oye el quejido de edificios que se derrumban, barridos por la lengua destructora de las llamas; el llanto de los ríos que fecundan sus riberas con restos de hombres caídos en contienda de hermanos; el dolor de los caminos que marcan el paso de la muerte con lúgubre blancura de esqueletos.

En esta fecha, dos mil años después de que pasó por el mundo, diciendo la Verdad, predicando la Justicia, enseñando el Amor, el Hombre del Calvario, sentimos que avanzan en el humano espíritu las sombras de la noche.

Y arrodillados frente a la imagen pálida y doliente del gran Mártir, que abre los brazos en lo alto de su Cruz, bendiciendo y perdonando, le decimos:

—Han enmudecido, Señor, las alondras en que tu martirio convirtió las espinas que te hirieron; se han marchitado las rosas que brotaron en el Huerto, bajo el rocío de tu llanto; se ha apagado la estrella que guió a los Magos del Oriente rumbo al pesebre milagroso. Son éstos, ¡Dios mío! tiempos de dolor y de locura. El hombre ha soltado las bestias del Apocalipsis, vistiendo el globo con manto de púrpura.

Los verdugos son férreos mariscales que llevan al cinto magníficos sables con empuñaduras de oro y el pecho constelado de cruces que brillan como astros.

Y son los humildes, los que sufren hambre de pan y sed de justicia, los infortunados de la vida, quienes caen abatidos en la senda obscura.

El mundo está vacío de tu gloria.

Ya no alumbra el inefable fulgor de tus parábolas.

¡Se han hecho las sombras, Señor!

Y vamos, sin una lámpara, perdidos, caminando como ciegos en estepas solitarias o ciudades muertas, sobre el borde tajante del abismo.

¡Ya es hora de que vengas, una vez más, pálido Rabí!

Y levantes, sobre las cabezas airadas de los hombres, el lirio de tus manos.

Y les digas el verbo de la paz, que será para ellos como bandada de místicas palomas o lluvia de rosas blancas cortadas al jardín de Dios.

1909

Como granos de arena que caen, uno a uno, en el reloj de la eternidad, pasan los años en la infinita sucesión del tiempo.

El año por venir es, para el viajero de la vida perpetuamente extraviado en el desierto, espléndido oasis de esmeralda; el que pasó fue brillante espejismo, que engendraron las horas de profundo desconsuelo: con la aurora florecen las ilusiones en el alma y un hálito de nueva vida sopla sobre la fe que se extingue como lámpara frente al ara de un Dios caído; llega la noche, bate el huracán sus alas deshojando las rosas del vergel; el campo yermo se tapiza de hojas secas, mueren las aves en sus nidos... y vaga entre las sombras el pálido fantasma de las tumbas.

¡La aurora!... ¡La noche!... Es ese el contraste doloroso de la vida.

¡Felices los que aún creen!

¡Felices los que esperan todavía!

¡Felices aquellos para quienes no ha sonado la hora en que mira el hombre el fondo de su espíritu y encuentra la noche; la noche y el desierto!

¡Felices los que mueren antes de que las nocturnas sombras se condensen en su alma!

La esperanza es chispa de luz del cielo, que el hombre ve brillar, allá, a lo lejos, con suaves resplandores; cuando se apaga, la frente se inclina fatalmente hacia el sepulcro.

Aquella pálida estrella alumbra en la conciencia: la humanidad espera llegar a la Tierra Prometida; espera la realización de sus ideales; espera que llegará el día en que no se dará caza a los Pieles Rojas en el Norte de América, como se da caza a las fieras en el Indostán; en que los Zares desaparecerán de Rusia y los Sultanes de Turquía; en que odios inveterados y absurdas diferencias, que han cavado un abismo entre las razas dejarán de ser; en que tendrán feliz solución los arduos problemas que en los nobles espíritus han suscitado las aspiraciones de la clase proletaria; en que la ignorancia, los prejuicios y el fanatismo en todas sus formas, no embrutecerán más los pueblos; la humanidad espera, en fin, que la religión del porvenir será la práctica del bien en sus múltiples manifestaciones, del bien, que es la escala de Jacob, en cuyo ascenso el hombre, desnudándose de sus miserias, se ha de convertir en el ángel de la leyenda bíblica; religión sublime en cuyo calendario inmortal figuraran los nombres de Cristo, Kociusko, Lincoln, Kruger, Garibaldi, Bolívar y otros tantos redentores de la especie humana; Zola, Hugo, Tolstoi y otros tantos que pensaron alto y sintieron hondamente.

Entre tanto, mientras vamos subiendo la áspera pendiente, con los pies heridos y los labios entreabiertos para dar paso a la blasfemia o el sollozo que nos quema las entrañas, roguemos por los que caen, por los que ruedan al abismo, por los que se hunden en el pantano, por aquellos de quienes no se acuerdan los felices; celebremos cada día primero del año, dando a los desheredados de la vida una limosna del corazón: ¡roguemos por ellos al buen Dios!

Felices, dije: cuando dije tal, me equivoqué, hay seres menos desgraciados, pero felices, sólo existen en la fantasía.

Es Oriente el país clásico de los sueños imposibles: religión, costumbres, naturaleza, todo contribuye allá a esa gestación febril de producciones fantásticas.

Cuentan las tradiciones orientales que existe una región paradisíaca, en donde no hay hambre, ni dolor, ni hastío; en donde no tienen espinas las flores ni recuerdos ingratos los placeres; en donde las rubias abejas depositan miel rosada en las rosadas bocas de bellísimas mujeres; en donde en las floridas selvas las aves cantan en su divino idioma la plácida canción de la esperanza; los poetas relatan antiguas leyendas de vírgenes cautivas que morían de amor y bravos donceles que morían de pesar; en donde se bebe en áureas copas sagrado vino, que hace olvidar los dolores grandes y los grandes crímenes; en donde las noches son luminosas y espléndidos los días.

En nuestro bajo y verdadero mundo amasado con lágrimas y cieno; con sudor y sangre viven los reyes del oro, los dueños de la Banca, las cabezas coronadas, muy pocos que podían ser menos desgraciados que el resto de la humanidad. Hacer lo que hace Carnegie y algún otro que va por esos mundos levantando monumentos a su inmortalidad, en forma de hospitales, de asilos, de bibliotecas y de escuelas, llevando luz, pan y vida a los desvalidos; esforzándose porque la paz de las naciones deje de ser vana quimera; hacer sagrado derroche de los millones de sus opulentas arcas en bien de nobilísimos ideales; satisfacer así la sed de amor que les consume; ser magníficos de esa suerte, es acercarse al imposible sueño de los visionarios del Oriente.

Los pensadores, los fuertes, los espíritus generosos encuentran vasto campo a sus aspiraciones en inmensa porción de la humanidad.

Hambre de pan y de justicia, de verdad y amor: eso sufren las multitudes.

¡Oídlas!

Se quejan: parece su quejido el estertor de una legión de cíclopes que agonizan, heridos por la mano de Dios; los poderosos de la tierra que ignoran que hay hambrientos y desnudos, y que esos desnudos y hambrientos son sus hermanos, sienten estremecerse sus alcázares dorados, cuando el rugido de la muchedumbre sin pan, sin luz, sin fe, sin amor, sube hasta los cielos: solloza aquella montaña de sufrimientos, hechos carne, carne humana, y aquel sollozo es formidable.

El lenguaje humano no tiene palabras para expresar aquel acento, que desgarra el corazón; pálidamente pudiera traducirse así: ¡quiero morir!

Oh, si, la nostalgia infinita de otro mundo es la que palpita y vive en aquella pirámide de harapos.

Yo consagro este día a rogar por esa humanidad que muestra sus enflaquecidos y ensangrentados miembros al través del manto raído que la envuelve; por ella envío al cielo mis plegarias. Vayan esas palomas mensajeras al buen Dios y quiera El que llegue a los oídos y estremezca el corazón de los poderosos de la tierra, la nueva, saturada en lágrimas y chorreando sangre, de que son hermanos de ellos los que se mueren porque les falta el pan que sobra en los festines regios.

Esa hora llegará, puesto que Dios existe.

TIEMPOS VIEJOS

La celebración de la Noche Buena, allá en mi pueblo, es recuerdo muy lejano que en mi cansado corazón resuena como inolvidables campanadas de gloria.

El pinar, inmenso y armonioso, circundaba todavía el grupo de casitas blancas que semejaban dormidas palomas sobre campos de esmeralda. En las mañanas azules y cuajadas de rocío, mientras el peón ordeñaba la mugiente vaca, chisporroteaba en el fogón de tierra, arrojando chispas de oro, el fuego sagrado del hogar. La madrecita arrodillaba a los chicuelos, de largos camisones vestidos, sobre la cama, y los hacía rezar el Padre Nuestro, explicándoles su inmenso contenido, el más elocuente que oídos humanos oyeron en el decurso de todas las edades, con frases llenas de sencillez y de belleza: era un chorro de miel y de armonía el que brotaba de aquella boca santa cuando, incomparable exégeta, les decía lo que para siempre enseñó el Hombre del Calvario.

Eran tiempos viejos. "El Nacimiento" resucitaba, cada año, la tradición secular que llegaba trayendo en su seno la unción y la poesía de los siglos. En el fondo verde salpicado de lagos y montículos; de ranchos y rancheros; de jinetes y caballos; de pastores y de ovejas, se destacaba un edificio ruinoso, al que se dirigían tres monarcas del Oriente, cabalgando en enormes dromedarios, guiados por la luz de un astro y en el establo de aquella ruina, sobre la paja de un pesebre, descansaba un niño de carnes rosadas y grandes ojos azules, contemplado místicamente por sus padres y calentado con el aliento de dos bestias tiernamente arrodilladas en las piedras.

Eran tiempos viejos. No había árboles de Navidad. Ni Santa Claus venía, cubierto de nieve, con sus luengas barbas temblorosas de blancura, a regalar juguetes a los niños. No se decía "O.K." para indicar completo acuerdo con el interlocutor; ni "higlife", refiriéndose a la alta sociedad; ni se pronunciaban en inglés muchas frases que tienen, en español, sonoro y rotundo, su expresión exacta. No éramos civilizados.

Eran tiempos viejos. Se representaban sencillas pastorelas. Se recibían peregrinos. Los muchachos, en torno a doradas "luminarias", reían alegres y felices cantaban, con su dulce cantar, los villancicos.

Se comían buñuelos y torrejas. Y sobre aquella gente, pura como los lirios del campo y buena como las aves del cielo; sobre la perpetua armonía del pinar y sobre la eterna luminosidad del éter, irradiaba, inmensamente, la bondad de Dios.

LUZ Y SOMBRAS

Era el Jueves Santo. Lámparas encendidas inundaban de luz las amplias naves, y un torrente de armonía, como emergido de un nidal de alondras, se elevaba de los tubos metálicos del órgano. Hombres y damas, ricamente vestidos, arrodillados sobre cojines de terciopelo, asistían a los oficios.

Un mendigo penetró al templo.

Iba a mostrar a Dios su corazón ensangrentado.

En algún tiempo, aquella cabeza, ahora inclinada, como si buscara el descanso de la tumba, se irguió sobre su cuerpo como la llama de una antorcha, coronada por los laureles del triunfo. Era entonces la cabeza soñadora y fecunda de un poeta, que decía a las mujeres estrofas en que temblaba la nota dulce y argentina del madrigal; a los hombres y a los pueblos, estrofas en que vibraba la nota grave del bordón de acero, y a los tiranos estrofas en las que se oían vuelos de águila y aletazos de tormenta.

Y ahora, cuando iba cayendo bajo el fardo de la vida, se acercaba a pedir misericordia al

Nazareno. Sus harapos contrastaban, por modo lastimoso, con los magníficos trajes de los asistentes. Alguien, un hombre dorado y vacío, se encargó de subrayar en forma brutal aquel minuto:

—Miserable, ¿qué haces aquí? —le dijo con acento sordo.

—¡Vengo a hablar con El! —le contestó el desventurado, arrodillándose frente al Gran Mártir.

La real ironía de la vida, que en aquella ocasión parecía intencionalmente alumbrada, vertía lágrimas y chorreaba sangre. Y esto en la Casa de Dios que es, con derecho indiscutible, la del que no tiene casa; la del que lleva dolores en el alma; la del que reclama justicia; la del que pide luz.

No recordaba oración alguna. Abandonado en la calle cuando niño, ignoraba las que se repiten, desde la cuna, al calor del hogar, cuando manos benditas juntan nuestras manos frente a la imagen del Señor.

Las madres que no tienen un mendrugo de pan qué roer, dejan sus entrañas rotas en la vía pública. Y aquella entraña caída en el arroyo, traía consigo, por dolorosa antítesis que los espíritus superficiales no comprenden, una lira, para ir cantando por el mundo las voces eternas de la vida y los acentos misteriosos de la tumba.

—¡Padre... no sé cómo decírtelo porque, a diferencia de otros hombres, nací huérfano! —exclamó, llevándose una mano al corazón.

Habló a Dios en nombre de todos los humildes, de todos los perseguidos, de todos los proscritos, de todos los hambrientos y desnudos que van cayendo sin que un sólo eco del abismo anuncie su caída; de los que convierten en pródigo el campo yermo, regándolo con sudor y con lágrimas; de los que arrancan oro a las entrañas tenebrosas de la tierra y perlas al fondo sombrío de los mares, para aumentar el poder de sus verdugos, y mármol a las canteras para construirles sus palacios; de los que dan su sangre heroica para ampliar el dominio de piratas que roban, a pueblos indefensos, en guerras infames, la tierra en que éstos vivieron tranquilos por milenios.

—¡La guerra; ¡ah, la guerra! —dijo, estremeciéndose.

Y aquella alma atormentada hizo explosión.

El hermano asesinando al hermano, exclamó; la fiera que despierta de improviso, sedienta de sangre, bebiéndola como vino generoso hasta embriagarse, como si las voces salvajes que escuchara sacudieran instintos ancestrales en él dormidos: eso es la guerra.

He allí un hombre que constituye altísimo exponente de la civilización, según el público concepto, afirmando, con serenidad olímpica, por la prensa, en la cátedra o en la tribuna, que la ferocidad del habitante de las cavernas, que comía carne humana, se ha extinguido de manera definitiva; he ahí a ese hombre marchando a la guerra. Ya está en la cabina de una aeronave militar descargando bombas malditas o en un destroyer haciendo funcionar máquinas que riegan la muerte o asaltando un reducto, con un puñal entre los dientes y la bayoneta en el riñón de los vencidos; ya está allí, sintiendo removerse dentro de él a su antepasado cavernario, cuya descendencia moral negó pocos días antes. Ha pasado el combate; ha escuchado las aclamaciones delirantes de la multitud que vitorea a los triunfadores; ha sentido sobre su rostro, bronceado por el sol, miradas de fuego de mujeres hermosas y miradas de envidias de hombres que no pudieron combatir.

Ostenta sobre el pecho, como estrella arrancada al espacio, brillante condecoración. Y sin embargo, cuando se retira, reclamando descanso, siente que en el fondo de su espíritu hay algo que llora de vergüenza; mira sus manos enrojecidas y piensa que son garras; pretende dormir para olvidar y, cuando después de larguísimas horas de insomnio, lo consigue, contempla en sueños a sus víctimas, que le pidieron, de rodillas, compasión; a los huérfanos que vagarán por esas calles, vestidos el cuerpo de harapos y el alma de luto; a las viudas y a las madres, de cuyos labios brotó encendido, como el hierro de la fragua, gemido largo, doloroso y profundo, imposible de traducir en el lenguaje humano... Pasa por su memoria el recuerdo trágico de un hogar en el que él, hizo penetrar la noche; del llanto de una mujer que parecía se arrancara, humeante todavía, un puñal del corazón; llanto inconfundible y único porque era el de una madre frente al cadáver ensangrentado de su hijo.

Y de la boca del poeta corrió, amarga Y encendida, la lava de un volcán.

Por una de esas rápidas mutaciones, aparentemente paradógicas, pensó después que aquella construcción siniestra amenazaba ruina y que aquella ruina presagiaba redención.

Tuvo la visión de un mundo nuevo, en el que los hombres llevarían el corazón libre de odios, de sangre las manos y de hiel la boca; de un mundo en que los campos malditos que producen cardos, abonados con los huesos de nuestros hermanos caídos en estériles contiendas, se trocarían en campos de rosas de un rosal divino; en el que los pueblos todos de la tierra vivirían anfictionía universal, protegidos I orientados por el imperio sereno y majestuoso del Derecho, bajo la mirada de Dios, que oficiaría para todos los hombres, en la azulada techumbre de los cielos.

El poeta, sintiendo que aquella agonía anunciaba el advenimiento de un sueño generoso, hizo caer, sobre la lava, lluvia de olivos cortados en el monte del Señor.

Aquel iluminado continuó recorriendo todo el pentagrama del dolor y la esperanza, en un himno en que el corazón oía sollozar las notas sublimes del miserere; en el que clamaban los inmensos profetas de la Biblia, cuando tomaban la luz al rayo para iluminar conceptos y al huracán la voz para hacerse escuchar de todos los siglos; en el que se contemplaba, nimbado por las tintas de la aurora y saludado por la música de las aves del cielo, a Gabriel, anunciando el nuevo día en un cántico soberbio y multiforme por el que se veía el espíritu del poeta ascendiendo glorioso a las alturas.

Cuando terminó la oración levantó sus ojos cansados a la faz del Nazareno, que inclinado sobre él, con los brazos abiertos, parecía contemplarlo y escucharlo. Y así era en verdad: su mirada dulce y su dulce sonrisa le dijeron, contestándole:

—¡Te he comprendido, hijo mío! Mañana estarás bien.

El pordiosero regresó al bohío. Sin hambre y sin pesares. Rico de alegría y de esperanza.

Por la noche se durmió tranquilo sobre su colchón de paja.

Y soñó que el pálido Rabí, vestido con túnica alba e impalpable, le decía con ternura:

—¡Ven conmigo!

En efecto, al siguiente día lo encontraron muerto.

El dulce cantor, largo tiempo enmudecido, había volado, con alas de luz... a cantar de nuevo en otro mundo.

JESÚS Y EL BANDIDO

Las cuatro de la mañana sonaron en el reloj de la ciudad distante. El bandido, pastor en sus mocedades, oculto en la maleza, a la vera del camino, se estremeció al oír aquellas campanadas.

Era la hora en que los finqueros iban de la ciudad a presenciar el ordeño de sus vacas y los comerciantes minoritarios regresaban de las aldeas con el producto de sus ventas. Hora propicia para arrancar la bolsa con la vida a los transeúntes.

De pronto se irguió el miserable y sus orejas que, como las de las bestias se movían para captar los ruidos escucharon rumor de pasos muy cercanos.

Saltó en medio de la senda y vió, a dos pasos de él, a un viajero alto, pálido y delgado, envuelto en blanca túnica. Bajo de ésta, al parecer llevaba una lámpara, pues su figura majestuosa se destacaba entre las sombras, inundada de luz.

Mejor, pensó el primero: El no me verá y así puedo partirle con golpe certero el corazón. Y levantó el puñal.

—¡No viertas más sangre de hermanos, Caín! —le dijo Jesús, que era el caminante.

—¿Por qué? —rugió la fiera.

—¡Escucha! —le contestó el Señor.

Llanto de niños cruzó el espacio.

—Esos son los hijos del que asesinaste últimamente. Lloran porque sufren hambre.

Caín inclinó la frente.

—¡Escucha, todavía!

Gritos agudos, que deben haber humedecido los ojos de las fieras en sus cavernas y estremecido las entrañas de las rocas en el fondo del abismo, desgarraron el silencio de la noche.

—Esa es la viuda del que mataste hace un año. ¡Escucha, una vez más!

—¡Señor, devuélveme a mi hijo! —dijo sollozando una voz de anciana. En aquel acento se condensaban los dolores más grandes de la vida; esos que ascienden al cielo y Alguien escucha más allá del firmamento.

—Es la madre enloquecida de la primera de tus víctimas.

Caín tembló como hoja azotada por el viento y arrojó muy lejos el puñal. Contemplaba su pasado de horror y por eso, en sus ojos, había la mirada de un fantasma.

—¡Arrepiéntete! —le dijo Jesús, continuando su camino.

—¡Señor, llévame contigo! —gimió el desventurado, juntando las manos suplicantes.

Jesús se volvió hacia él y así le dijo:

—Paga tu deuda, que pesa con peso de montaña en la balanza de Dios, sacrificando todos los minutos de tu vida para reparar en lo posible el mal que has hecho.

Abre tu corazón a todos los vientos del infortunio, que ellos te orientarán: lleva contigo la virtud del bálsamo.

Cuando la desgracia ruja sobre la cabeza de los buenos, de los justos y de los héroes, acércate a ellos, descubierto y respetuoso; muéstrales, en el cielo, más allá de la nube cargada de tormenta, las tintas gloriosas del arco iris, que nos hablan de esperanza y redención.

Cubre con tu capa las carnes laceradas del mendigo. Este te dará en pago sus harapos y, además, una perla muy valiosa: la alegría.

Si encuentras a tu paso hombres como hasta hace poco fuiste tú, háblales en el lenguaje divino del amor. Este pondrá en tu boca frases inspiradas y ardientes, como las de Pablo de Tarso, o saturadas de miel y de perfume, como las del apóstol Pedro. Recuérdales que la gota de rocío que tiembla, como lágrima caída de algún astro, en la hoja o en la flor, se levanta muchas veces de las aguas cenagosas del pantano. Eso penetrará como chorro de luz en las tinieblas de esas almas.

Cuando tus manos se hayan lavado en las claras linfas del bien, en ellas florecerán cándidos lirios. Entonces te llamarás, como tu oficio cuando eras niño, Pastor... Librado. Libre de las cadenas que te ataban al pasado, te convertirás en pastor de almas. Entonces vendré por ti para llevarte a un mundo en donde no existe el odio, ni el dolor, ni la noche.

Jesús se perdió en las sombras.

La luz del sol inundó, pocas horas después, la campiña. Unos niños que iban a la escuela observaron, sorprendidos, en medio del camino, a un hombre arrodillado que murmuraba al parecer una oración.

—Es un loco —dijo uno de aquellos chicos en alta voz.

—Es un mendigo —contestó otro.

—¡No soy mendigo ni loco! —dijo el hombre, con los ojos húmedos de llanto: soy un criminal arrepentido!

Los niños siguieron su camino sin comprenderlo; pero Jesús, que iba ya muy lejos, en la cumbre de una montaña, sí lo comprendió y levantando sus manos de azucena, lo bendijo.

LOS NIÑOS ABANDONADOS

Cuando en esta fecha evocamos al Dios Niño, que vino al mundo en un pesebre, temblando de frío, abiertos los ojos frente a la vida que sobre Él se levantaba como nube cargada de tormenta, pensamos en los niños pobres, en los niños enfermos, en los niños huérfanos, en los que van por el mundo apurando gota a gota, minuto a minuto todo el infortunio que puede contener larguísima jornada. Y recordamos una escena muy frecuente, muy común e inolvidable para quien una vez la observa, la comprende y la siente en toda su espantosa realidad y trascendencia.

Descansando en una acera, frente a una casa señorial, un niño parece observar a quienes transitan por la calle. Macilento el rostro, la mirada triste, el cuerpo enflaquecido, apenas cubierto con harapos, guarda silencio y en silencio se dice lo que lleva en el alma.

En carrito primoroso que arrastra una niñera pasa un bebé. Duerme profundamente y sonríe en sueños. ¿Con quién? Indudablemente con sus hermanos, los ángeles del cielo, de donde él vino hace corto tiempo y a donde acaso aquéllos quieren que regrese.

—¡Qué feliz sería yo si pudiera dormir! El frío me taladra los huesos y... ¡no tengo con qué cobijarme! —se dice en sombrío monólogo el niño pobre.

Un vendedor de golosinas, que conduce una carretilla llena hasta los topes, se detiene frente a la puerta de una escuela. Nube de párvulos sale de aquélla y casi consume los dulces y frutas en la carreta contenidos.

—¡Desde ayer apenas he comido las migajas que caen de la mesa del patrón que vive en la casa de enfrente —piensa el desventurado— porque no tengo dinero para comprarme un pan!

Robusta campesina viene con su hijito en brazos. Lo besa, lo mira con infinita ternura, lo apoya contra el corazón.

—¡Yo no sé lo que es eso —exclama el niño rompiendo su mutismo, porque mi madre murió cuando nací!

Alguien que lo escucha, dice con acento enronquecido: esa frase, que tiene el amargo sabor del llanto, es la suprema expresión del dolor humano; encierra una protesta en carne adolorida contra la sociedad que olvida semejante desventura.

En esas almas, en las que debieran cantar las aves y abrirse las campánulas azules bajo el beso rosado de la aurora, anochece al amanecer.

En esos corazones inviolados hay siempre una pena que los estruja.

Y en esas cándidas pupilas una lágrima que las obscurece.

Falta de pan, falta de abrigo, falta de asistencia médica, falta de alfabeto y otras muchas faltas en la infancia, y sobra de alcohol en su forma más ferozmente enloquecedora y venenosa en la edad adulta, son factores principalísimos en la despoblación, la degeneración y criminalidad de la sobrevivencia. Un niño tristemente angelical es el primer eslabón de esa cadena que forja la sociedad con el abandono y la codicia y que concluye en el presidio, con el asesino, a quien el Estado condena a muerte, olvidando que es el fruto de la simiente que sembró. La ley de las compensaciones, el Karma de los orientales, es algo incontrastable como la Fatalidad.

Frente a esas injusticias, el pensador se pregunta: ¿Desde cuándo el cómplice de un acto criminoso ha conquistado el derecho de juzgar y condenar a muerte, con premeditación y saña a un indefenso?

Eso sin considerar la posible equivocación en la condena, como ha ocurrido tantas veces, que, por sí sola debiera constituir motivo suficiente para borrar de la legislación penal aquel monumento de infamia.

Y ahora, cuando evocamos al Dios Niño, en cuna de indigente, temblando de frío, frente a su vida erizada de amarguras, nos decimos: ¿No sería mejor celebrar estos aniversarios llevando, furtivamente, el valor invertido en nuestras fiestas, a los hogares en donde viven muriendo los niños pobres, los niños enfermos, los niños huérfanos?

PADRE NUESTRO

Padre Nuestro que estás en todas partes: en las gotas de sangre que al desprenderse de la pálida frente de Jesús se convirtieron en rubíes, y en el proceloso océano que es, apenas, una gota de agua perdida en el fondo infinito del espacio; en el diminuto corazón del colibrí que extiende, tembloroso, el iris de sus alas cuando sorbe la miel de alguna flor y en el ancho pecho de Bolívar cuando, en las faldas del Aventino, juraba conquistar la libertad de nuestra América.

Santificado sea tu nombre, escrito con astros en la inmensidad del firmamento; escrito con luz en la inmensidad del alma.

Venga a nosotros tu reino, de donde la fraternidad humana borrará el odio, el dolor, la muerte, lo pasajero, dando entrada a lo definitivo y eterno; en donde todos los hombres vivirán en una sola patria, cuyos límites serán los del planeta; hablarán un sólo idioma, el divino y universal idioma del amor y cultivarán los mismos campos, perpetuamente generosos, pues serán los del Paraíso, purificados por el fuego del dolor humano.

¡Cúmplase tu voluntad en todo el Universo!

Haz, Señor, que la tierra nos devuelva, centuplicado, en las espigas del trigal de oro, lo que le dieron nuestras manos y regó el sudor de nuestra frente. Así ganaremos el pan nuestro, de cada día.

Perdónanos el mal que inferimos, así como perdonamos el que nos hicieron.

Libra, Señor, a nuestra Patria, de miserables tiranuelos que a su paso dejaron lágrimas y sangre; desolación y muerte.

Libra a nuestros buenos gobernantes de espías y delatores, porque éstos envenenan las fuentes más puras y los corazones más limpios.

Libra el alma de nuestros amigos, de fanatismos que ciegan; de procedimientos que anulan; de odios que matan.

Líbranos, Señor, de todo mal.

Amén.

AÚN VIVE EL NAZARENO

Hace dos mil años vino al mundo el Hombre más grande de los siglos.

En noche invernal, sobre la inmisericorde paja de un pesebre, el recién venido temblaba, tal vez de frío, tal vez porque su mirada azul se hundía en la trágica existencia que tenía por delante. Ese niño, en cuyos ojos se condensaba la humedad de un dolor sin nombre, se llamaba Jesús, el hijo de María. Sobre su cuna de miseria brillaba la luz de un astro.

Pasaron los años. Uno de tantos días descendió a El un mensaje del Infinito, que en su boca puso la frase inspirada y ardiente de un himno. De su alma, nido luminoso de parábolas, volaron éstas como alondras. Humildes pescadores las recogieron y las abrigaron; les dieron a beber sangre de sus venas y lágrimas ardientes de sus ojos: las multiplicaron y las esparcieron por los cuatro rumbos del espíritu. Aquellos hijos de la gleba se trocaron, al mágico conjuro de la palabra del Maestro, en sublimes pescadores de almas.

Principiaba a escribirse una historia, la más grande de todos los tiempos, y una enseñanza, la más trascendente de todas las edades; principiaba a caminar el cristianismo, que golpeaba con aletazos de tormenta la tradición milenaria, absurda, inconsistente y cruel: a la brutal opresión de los Césares oponía la Igualdad humana; a la venganza, propiciada en el Antiguo Testamento, el perdón misericordioso; al egoísmo mercenario, la divina enseñanza del amor.

La puerta que Dante encontró cerrada un día, aquella puerta que tenía el peso de todas las montañas porque era la puerta del Infierno, en la que escribió el destino una frase inexorable, fué derribada por la diminuta y blanca mano del Rabí, quien construyó otra en cuyo escudo se abría la flor azul de la esperanza y se condensaba la espiga dorada de la fe.

De esa suerte se forjaba el redentor y el profeta. Su espíritu y su carne se trasmutaban en amor y en pensamiento. Y en Él se hizo verbo la enseñanza y se hizo realidad la profecía: devolvió la vida a los ojos sin luz y la luz a las almas en tinieblas; arrojó con látigo de llamas a quienes profanaban la santidad del Templo y depositó en el corazón humano, desbordante de odio y de amargura, la miel de su bondad.

Entonces pasó por sus ojos de soñador inmenso y solitario, la visión de una cruz que le abría los brazos, esperándole en la jornada próxima. El Nazareno fué hacia ella, regando el camino con gotas de su sangre, que al caer se transformaban en luceros.

Fué grande; fué noble; fué abnegado. Sembró el bien en los surcos de la senda; dijo a los tiranos santas y amargas verdades; rompió cadenas e iluminó sombras; dió a comer su corazón a los infortunados de la vida.

Por eso lo combatió la infamia y lo condenó la injusticia; por eso lo negaron los ingratos y lo azotaron los perversos; por eso lo vistió con manto de locura el sentido sórdido y estrecho.

Locos han sido, para las muchedumbres estólidas, todos los grandes de la tierra. Tarde ha comprendido la humanidad a sus representativos más altos; tarde ha comprendido que hay algo más noble que el sentido común: la divina locura de Pascal; la bondad del dulce soñador de Asís; el fulgor del acero que un magnífico Guzmán arrojó sobre los muros de Tarifa, dejando marcada en la historia una curva de epopeya; tarde ha comprendido que aquéllos que dejaron algo eterno a su paso por la vida, fueron esos «locos» que en su afán de superación y obedeciendo a su última cita con el destino, se internaron, batiendo alas de águila, en la nube cargada de inmortalidad y de tormenta.

Han pasado dos milenios desde el día en que, enclavado en una cruz, pequeña para la inmensidad de su talla, el Hijo del Hombre inclinó la frente y entregó el espíritu en manos de su Padre. La sangre vertida sobre aquel madero corre todavía: los sables con empuñaduras de oro que llevan al cinto verdugos galoneados; la pluma de miserables tiranuelos que firmaron la muerte de hombres libres o de jueces que vendieron por treinta monedas la justicia o de escribidores a sueldo que mancharon con fango la inocencia, vierten aquella sangre, cien veces bendita, que en vano pretenderán lavar las aguas de los ríos y los mares en el decurso de los siglos.

Han pasado dos milenios y al correr de las cuentas rosadas del rosario, por la mano de nieve de una dama o por la mano sagrada de una obrera, en la profundidad de un ruego, se repiten las mismas inefables oraciones que enseñaba el Galileo, y al correr de los siglos se lucha, en Inglaterra y en Francia; en América y en Abisinia; en cien revoluciones más y en dos guerras mundiales, por la conquista de los Derechos del Hombre que Cristo afirmó en la cima del Gólgota.

La civilización cristiana, batida muchas veces por los regímenes totalitarios de ayer y de hoy, está en pie, ostentando cicatrices gloriosas y clarineando ideales a los cuatro rumbos del planeta; los apóstoles y los mártires de hoy renacen de las cenizas de los mártires y apóstoles de ayer.

Abraham Lincoln, asesinado por los traidores, y Simón Bolívar, envenenado por los ingratos que le dieron a beber lo que llevaban en el alma, fueron de la raza del Señor.

Juana de Arco, la inmortal heroína de Domremy y Guillermo Tell, el sublime arquero suizo, de esa raza fueron.

Franklin Delano Roosevelt, que se tendió en la eternidad, abrazado a sus sueños de libertad y de justicia, bajo una montaña de gloria, fue de la raza de Jesús.

Mientras hayan cadenas que romper, sombras que iluminar y privilegios que combatir,

el brazo redentor, el hacha tajante, la tea que guía e incendia y el pensamiento que ilumina como antorcha, no desaparecerán de la faz de la tierra: son herramientas de Dios que el Nazareno ofrece a los humanos. El continúa su jornada eterna por el mundo.

Hay alguien que está siempre con los hombres, atendiendo al que sufre una herida en el cuerpo o al que lleva un dolor en el alma: es Aquel que hace veinte siglos vino al mundo, sobre la paja inmisericorde de un pesebre, bajo el rayo señero de un astro.

CARTA ABIERTA AL PRESIDENTE DE LOS ESTADOS UNIDOS DE AMÉRICA, SEÑOR WOODROW WILSON

Minas de Oro, 1º de agosto de mil novecientos trece.
Señor Presidente de Estados Unidos de Norte América,
Mr. Woodrow Wilson,
Washington.

Excelentísimo Señor Presidente:

El cable nos trae una nueva inaudita; nos dice que el gobierno de Estados Unidos del Norte, pretende extender a Nicaragua el Protectorado que ejerce en Cuba y Santo Domingo.

Los romanos deben haberse estremecido de dolor y santa ira cuando resonó, del Quirinal al Aventino, el eco formidable de los pasos de las hordas de Atila que, como una tromba de fuego, se acercaban a la capital del mundo.

Algo semejante ha mordido nuestras entrañas en esta hora sombría.

Mi comparación, falsa si aludiera a nuestra civilización y la civilización romana pretendiendo compararlas, es completamente exacta si se contrae al sentimiento que la amenaza de vuestra conducta sin precedentes ha producido en nosotros.

¿Qué quién soy? —decís—. ¿Qué con qué derecho me dirijo a vos?

Soy hondureño, soy centroamericano, soy hijo de la América Latina, y si esto nada os dice, os diré que soy vuestro semejante, vuestro hermano en el seno de la humanidad.

El derecho que tienen los oprimidos, —hace muchos años que lo somos por vosotros—, de protestar contra los opresores cuando éstos los amenazan con la muerte: he allí condensado el gran derecho que me asiste al dirigirme a vos.

¡Atendedme pues, Señor Presidente!

Sabemos lo que vuestro Protectorado significa, y si no lo supiéramos, allí están Cuba y Santo Domingo para decírnoslo; allí Colombia, Panamá, Puerto Rico y Filipinas para gritárnoslo.

Nosotros no solicitamos, ni queremos, ni aceptaríamos de buen grado vuestra intervención en nuestra existencia política doméstica; pero sí, en nombre de vuestra fraternidad nos la hiciérais aceptar, amenazados con los cañones de vuestros acorazados, un rugido de indignación que resonaría de uno a otro extremo del Continente, brotaría encendido de nuestros labios.

El mundo civilizado, no lo dudéis, lo escucharía con horror.

Si creéis por ventura que hay en Centro América, que existen en Nicaragua, ese jirón glorioso de nuestra antigua y verdadera Patria, en donde vuestros soldados han muerto a muchos héroes; si creéis que existe acaso una decena de miserables semejantes a Adolfo Díaz, no lo creas, señor, pues creerías mal: nuestra mejor aspiración es ser siempre libres; nuestra convicción profunda, depositada en nuestro espíritu como el oro en el seno de nuestras montañas, es la de que hay algo más grande, más amado, más necesario a la vida que el bienestar económico, que el progreso con sus conquistas portentosas, que la gloria con sus triunfos inmortales: ese bien inestimable es la Independencia nacional, al calor de cuya épica conquista se forjó el bronce de que fueron hechos los mártires de la América Latina. A excepción de Adolfo Díaz no hay en Centro América un sólo criminal capaz de vender la Patria, ni por todos los millones que guardan vuestros banqueros en sus arcas, ni por todas las comodidades y placeres que proporciona vuestra civilización pasmosa.

Si no solicitamos, ni queremos, ni aceptaríamos de buen grado vuestra intervención en nuestra existencia política, ¿con qué derecho intervendrías en ella?

En nombre de la fraternidad; porque Norte América es la hermana mayor en el Continente y no sería generoso contemplar mano sobre mano nuestras luchas intestinas; para garantizar los intereses de vuestros connacionales —dicen vuestros políticos del dólar, vendidos a los millonarios de Wall Street.

¡En nombre de la fraternidad!

En Hispano—América, Señor, hace largos años que no se cree en los sentimientos de fraternidad de vuestro gobierno.

¡Con motivo de nuestras guerras civiles!

¿Y en vuestra desastrosa guerra de cinco años, intervino acaso una potencia extranjera para poneros en paz?

¿Para garantizar los intereses de vuestros connacionales?

Razón sin valor alguna es ésta: no sólo están garantizados en nuestros países incipientes los intereses de los norteamericanos, sino que constituyen riquísimo filón que las concesiones ilimitadas y las reclamaciones injustas convierten en oro que pagamos con nuestra miseria: somos los mendigos a quienes vuestros connacionales arrancan a pedazos el harapo que cubre sus enflaquecidos miembros.

¡Y nuestra herida no es de ayer, señor: hace mucho tiempo que chorrea sangre!

Y aún cuando nuestra tierra no fuera excesivamente hospitalaria y generosa, como lo es para los americanos del norte y se cometiera contra ellos uno que otro desafuero, decidme qué sentirías vosotros si, con motivo de los atentados realizados en California contra súbditos del Japón, ¿éste pretendiera ejercer protectorado sobre vuestro país en vez de usar la vía diplomática?

Pues exactamente lo que vosotros experimentaríais si tal ocurriera, experimentamos nosotros al conocer vuestro proyecto.

Si estudias vuestras pretensiones desde el punto de vista de vuestras conveniencias, debéis recordar que la historia de todos los tiempos nos enseña que el poderío de los pueblos conquistadores no es estable: recordad a los romanos, a los hijos del Profeta, a los españoles; recordad a todos los pueblos cuyos ejércitos victoriosos conquistaron el mundo en nombre de una civilización mentida, apoyados en el derecho de la fuerza: todos han sufrido el castigo de sus abusos; todos, al convertirse en conquistadores, perdieron enorme suma de fuerza moral, labrando su propia ruina.

El abismo que habéis cavado entre vosotros y nosotros es muy hondo. ¿Por qué no hacerlo desaparecer con pruebas de franca amistad, en vez de ahondarlo más todos los días? No juzgáis posible que mañana u otro día pueda desaparecer convertido en sepulcro de vosotros y nosotros, en una guerra de Estados Unidos contra Latino—América, que nosotros llamaríamos, defendiéndonos, porque así sería, Guerra Santa y que a vosotros, vencedores o vencidos, os cubriría de ignominia?

Y si previniendo futuros peligros nos elimináis, dándonos caza como a los Pieles Rojas, ¡pensad, Señor, que Dios no es una ficción de la mente humana; que Dios existe y su justicia reparadora se impone tarde o temprano!

No es al pueblo noble de Estados Unidos de Norte América al que nos referimos; ese gran pueblo no quiere expansionismos, ese pueblo admirable no quiere la política de escarnio que vuestro Gobierno practica con nosotros; hay en ese pueblo varonil, senadores, diputados, políticos eminentes, escritores meritísimos que hacen crítica severa del Imperialismo Yankee.

Y no podía ser de otra manera: la libertad ha sido el sol que, bajo la bandera de las estrellas y las barras, ha fecundado el progreso que ha convertido a Norte América en coloso entre las naciones.

Si he de referirme a vuestra historia política personal y a la del excelentísimo señor Bryan, Secretario en el Despacho de Estado de vuestro gobierno e iniciador del proyecto monstruoso a que hago referencia, os diré con franqueza que no se sabe en la América española y en Europa cómo pueden armonizarse honradamente vuestras doctrinas democráticas, vuestras máximas de justicia, vuestros discursos políticos saturados de altruismo, todo cuanto sobre el particular habéis dicho y repetido ayer, con vuestra conducta práctica de hoy.

Somos débiles y vosotros sois poderosos; somos humildes y vosotros vivís orgullosos de vuestro progreso, de vuestros triunfos y hasta de vuestra sangre; somos casi imperceptibles y vosotros sois semejantes a los cíclopes de la leyenda olímpica. ¿Por qué aplastarnos arrojándonos encima una montaña? ¿No probarías mejor vuestro heroísmo arrojando esa montaña sobre el Japón, en donde se dice con todas sus letras cómo se llama la conducta de vuestro gobierno? ¿No sería más hidalgo, más conforme con la conducta de los grandes hombres de vuestra historia; más conveniente a vuestros intereses económicos, ¿atar con vínculos de sincero afecto los pueblos de Latino América a vuestra patria exuberante?

Sois el Primer Magistrado de uno de los primeros países del globo; de una nación cuyos habitantes han vivido siglos en minutos; de un pueblo abrillantado con los nombres de Washington, de Lincoln, de Franklin y cien más que son honra y gloria del género humano. Pues bien: de Vos solicitamos, de Vos esperamos que evitaréis la realización del más odioso de los crímenes que se pueden cometer contra una raza a la faz del mundo que os observa. ¡Evitadlo y habréis realizado una labor de panamericanismo que valdrá por media centuria de generosos esfuerzos!

Yo os digo humildemente y en estilo llano, lo que cualquiera de mis conciudadanos os diría con acento inspirado, en cuyas vibraciones heroicas sentirías palpitar el espíritu de una raza por cuyas venas corre sangre de los indios, que en lucha homérica supieron morir por su patria y por sus dioses, mezclada a la de aquellos españoles que deslumbraron al mundo arrojando al rostro de los pueblos el polvo de oro de su gloria.

Dignaos excusarme —no porque os reclamo un derecho perfecto, no porque os muestro la santa rebeldía de mi raza—, sino por el tiempo que os he robado, acaso estérilmente para vuestra gran nación y para mi adorada Patria, Centro América.

Con muestras de mi respeto más profundo y de mi consideración más distinguida, soy, Señor Presidente, vuestro devoto servidor,

V. Mejía Colindres.

FRENTE A UNA SOMBRA AUGUSTA

El monumento que ahora se descubre ante los ojos, húmedos de admiración y de cariño, del pueblo hondureño, el más noble entre los pueblos de la tierra, encarna hermosa realidad: bajo la serena palidez de ese mármol glorioso se siente palpitar un sentimiento y se ve fulgurar una idea, idea y sentimiento nobilísimos que guiaron a Miguel Paz Baraona cuando dirigió los destinos de la patria.

Esa figura simbólica no es producto artificioso de circunstancias ajenas a la conciencia nacional, única que otorga consagración definitiva y justa; esa figura prócer habla a los siglos, repitiendo esta frase lapidaria: MIGUEL PAZ BARAONA VIVIRA POR SIEMPRE. Enloquecidas pasiones populares soplarán sobre ese nombre; sobre las ruinas de la actual civilización se levantará una civilización nueva; vendrán otros tiempos y otros hombres, pero nada ni nadie podrá destruir lo que esa estatua lleva dentro: el recuerdo de quien fue grande en el minuto más solemne de su historia.

Aquel hombre no vistió traje ornamentado con charreteras y galones de altos oficiales del ejército, no saltó en corcel brioso sobre trincheras crinadas de relámpagos, rumbo a la muerte o a la victoria, no ascendió a la inmortalidad dentro de la nube de un incendio redentor; fue un hombre civil, civilista y civilizado, un apóstol que enjugó lágrimas, curó heridas y alivió ignoradas estrecheces cuando ejerció su profesión; un patriota cuando ejerció el Poder y un demócrata en todos los minutos de su vida: su heroísmo, tocado por las alas de lo eterno, fué el bello y dulce heroísmo de los inmensos soñadores, de quienes siembran el bien en los surcos de la vida y se van de este mundo con un cántico de amor en los labios. Por eso las bendiciones de un pueblo caen sobre la memoria del gran desaparecido.

Este nombre, MIGUEL PAZ BARAONA, se pronuncia con respeto, se escucha con cariño y se mira como antorcha. Sonoro como una clarinada y glorioso como una bandera, se internará en el decurso de los siglos.

EL DOCTOR VENANCIO CALLEJAS

Varios miembros de la colonia hondureña en Costa Rica han desfilado, en el decurso de pocos años, rumbo a lo insondable y eterno. Antes de ayer llegó su turno a señor doctor don Venancio Callejas.

Con él se fueron excelsas virtudes: caballero en la más amplia excepción de ese vocablo, a su paso por la vida afirmó y confirmó, de modo indiscutible aquel concepto; ciudadano integérrimo y patriota, nunca transigió con funcionarios públicos cuando éstos se revelaron como viles mercaderes de los bienes nacionales, y siempre tuvo, abrasadora como una llama, diaria protesta contra los actuales opresores de la patria; profesional distinguido y trabajador incansable, vivió para los suyos, entregándoseles por entero, en las necesidades del presente y anticipándose a las contingencias del porvenir. De pensamientos nobles y nobles actos estaba tejida la existencia suya. Unos y otros, como puñados de rosas blancas, serán lo que sus manos ofrezcan cuando él llegue a presencia del Señor.

Después de doce años de exilio y de lucha contra el totalitarismo ahora imperante en Honduras, el doctor Callejas emprendió el viaje sin retorno en solar extranjero.

Se llevó en el alma la imagen doliente de la patria; se fue con el rostro vuelto hacia el terruño; la última lágrima que rodó por sus mejillas encarnaba el último y doloroso recuerdo del espléndido valle en que nació.

Ya descansa cobijado por la bandera de las barras y las estrellas.

Y espera que suene la hora de la redención para su pueblo. Regresará entonces al seno bendito de su tierra.

Si nosotros estamos de pie en esa fecha, conduciremos en hombros su ataúd, cubierto por nuestro glorioso pabellón, a los acordes del himno nacional.

Y, como ocurrió tantas veces en la vida, su cadáver escuchará los latidos de nuestro corazón, entonces como ahora y como siempre, hondamente fraternales.

EL DOCTOR PRESENTACIÓN CENTENO

Medico distinguidísimo, puso oído atento al grito del dolor ajeno, y sobre él extendió el bálsamo de su ciencia y su bondad: las bendiciones de muchos humildes, húmedas de llanto, caerán sobre el sepulcro del gran desaparecido.

Educador destacado, realizó obra trascendente como Secretario de Instrucción Pública, dejando huellas tangibles de su paso por allí: su fecundo esfuerzo ha sido altamente comprendido en el decurso de los años.

Miembro muy significado de la sociedad «La Juventud», irradió desde su seno, a los cuatro rumbos, ideas de redención y de progreso para las colectividades patrias.

Suyo fue el mérito más alto y más puro que puede ostentar quien triunfe plenamente en la lucha por la vida: se debió a sí mismo; fue producto de su propio esfuerzo: desde la humildad de su cuna ascendió, escalón por escalón, llevando a cuestas el fardo abrumador de la pobreza y teniendo al frente las ruines pasiones aldeanas que pretendieron, torpemente, cerrarle el paso. De ese medio ingrato arrancó el oro purísimo de su cultura mental, y sobre semejantes miserias levantó su muchas veces noble corazón.

Y ahora, aquel grande hombre se tendió en la eternidad, indudablemente para despertar muy pronto en otro mundo.

Sobre su memoria fulgurará eternamente, como llama y como antorcha, el recuerdo encendido de las protestas que arrojó a la faz de los tiranos y el recuerdo inefable de los bienes que derramó la ciencia, ennoblecida por el alma del apóstol.

Sirvió a su patria como deben servirla los hombres de su talla, con lealtad y con altura. Fue consecuente con los principios políticos que sustentó toda la vida, los del glorioso partido Liberal: cuando las libertades públicas y las garantías ciudadanas fueron olvidadas por miserables tiranuelos, él, anciano y tembloroso por el peso abrumador del tiempo, dejó de temblar y se sintió joven para decir a aquéllos, protestas quemantes como brasas.

Vinculados al señor doctor Sandoval por viejos y sagrados lazos de amistad; ingratamente sorprendidos por su muerte inesperada, carecemos de la serenidad de espíritu indispensable para escribir cuanto de noble conocemos en su vida.

En otra ocasión hablaremos largo sobre ese admirable ciudadano.

Si el doctor nos escucha allá arriba, sabrá que aquí abajo, a través del tumulto de las pasiones y de la lucha por la existencia, su recuerdo será inmutable y caro en el corazón de sus amigos. Como las cosas eternas; como las grandes verdades.

EL DOCTOR ÁNGEL ZÚÑIGA HUETE

El destino lo forjó para el combate. Su resistencia física era de bronce; su mentalidad de oro.

Para aquella finalidad se armó cultivando su talento.

Hizo un ariete de su pluma. Y golpeó con ella largos años, sin concederle un minuto de reposo. Terminó de combatir cuando ya no podía respirar.

Fue un proscrito durante tres decenios. Su patria fue para él una visión muy lejana y muy querida. Arrastró por países extranjeros sus tristezas sin nombre y sus encendidas protestas.

Y ahora, aquel hombre que jamás pidió cuartel, ha caído para no levantarse más: lo que no pudieron hacer los hombres ni la adversidad, lo hizo la muerte.

Su familia, su patria y su partido sentirán por muchos años la inmensidad de su vacío.

Ya descansa. Ya se tendió en la eternidad. Ya es inmortal...

ROOSEVELT

Roosevelt fue grande como ciudadano de su país; grande como ciudadano del mundo y grande como gobernante de una de las naciones más grandes de la tierra. Distinguido en alto grado porque así nació y porque cultivó con amor su distinción, en la ciencia que ilumina como antorcha y en la vida que abraza y purifica como tea, y rico por herencia y por esfuerzo propio, se revela desde niño como el mejor amigo de los humildes y los pobres. Esta virtud, tan rara en quienes ignoran cómo se conquista un nombre o una fortuna, sería bastante para presentir en el joven estudiante de la Universidad de Harvard, al apóstol de mañana.

Herido por cruel dolencia que lo convirtió en sombra de sí mismo, retó el sombrío pronóstico del médico que le anunciaba que ya nunca dejaría su lecho de inválido; se irguió ante el destino y con él luchó en lucha titánica, venciéndolo, porque su voluntad era más fuerte que la montaña cuyo peso lo doblegara un día. Así afirmaba al combatiente en los más recios combates de la vida.

Como gobernante realizó audaz reforma en la vida doméstica de su país, golpeando con ariete formidable los privilegios de una plutocracia explotadora, consagrados durante un tercio de siglo por la conveniencia y por el miedo. El joven que un día defendiera a los desheredados de la vida, en la vida universitaria, se manifiesta vigoroso en el conductor de los destinos de su pueblo frente a una oposición respaldada por el oro de Wall Steet. En la vida internacional cambia la vieja política intervencionista, que sembró profundos rencores en el corazón indohispano, por la del Buen Vecino, discutida por algunos y aceptado por los más.

Esta nueva orientación adolece, como obra humana, de deficiencias que sienten en su carne maltrecha algunos pueblos de América, oprimidos por dictadores; pero juzgada a la luz de la razón y la justicia, comparada con la intervención odiosa de otros tiempos; considerados los derechos y deberes del gobierno de Estados Unidos de América con los pueblos latinos del continente, se llega siempre a esta conclusión: nada distinto y mejor, en la inmensa de la mayoría de los casos, tenemos derecho a esperar y mucho menos a exigir de Washington.

Roosevelt fue uno de los hombres más grandes de la humanidad, en todos los tiempos de la historia y en todas las latitudes del planeta, y seguirá siéndolo al través de los siglos, porque, cuando las fuerzas del mal fueron sueltas por manos de locos o fanáticos, él dijo el verbo de la Libertad a todos los hombres; envió sus águilas y sus legiones a defender la justicia de todos los oprimidos de la tierra y colocó el oro nórdico, en proporciones astronómicas, para detener la corriente de sangre abierta por los hombres del atraco internacional.

ANÉCDOTAS REVELADORAS

Ciertas manifestaciones espontáneas en la vida de hombres que han influido, poco o mucho en los destinos de la humanidad, son frecuentemente característicos jalones de su historia. Así como el lápiz del caricaturista encarna, en pocas líneas, el ser moral de sus representados, algunas anécdotas históricas tienen la elocuencia de completas biografías. Recordarlas es exponer, de cuerpo entero, a aquellos agentes del destino.

Relataremos algunos episodios de esas vidas, que conocimos directamente, en ocasiones; por referencias dignas de entero crédito, en otras y, casi siempre por haberlas captado en nuestras lecturas. Con esa advertencia entramos en materia.

RECORDANDO AL DOCTOR PRESENTACIÓN CENTENO

Agonizaba la administración del señor general don Miguel R. Dávila, gobernante ilustre cuyo patriotismo y probidad nunca superados, marcan época en nuestra historia. Guerra civil encabezada por el general Manuel Bonilla truncó el período constitucional de aquel mandatario, quien, cumpliendo convenio celebrado a bordo del Tacoma, entregaría el poder al doctor Francisco Bertrand.

El ejército nacional centralizado en Tegucigalpa, que apenas había combatido la revuelta a pesar de su decisión, sufría y manifestaba sorda rabia por motivo semejante, dando pruebas tangibles de indisciplina: en aquella hora de anarquía, muy frecuente al final de nuestras administraciones públicas conmocionadas por semejantes contiendas, la unidad de mando se había eclipsado, convirtiendo el Poder Público en algo ilusorio.

El 19 de marzo de 1911, en feroz motín entre dos cuerpos del ejército nacional, verificado por los suburbios de Comayagüela, en casa del General José de la Paz Palma, jefe de los Texiguats, murieron éste y treinta oficiales más a su mando, de un lado, y el General Antonio Lara y coronel Carlos Gutiérrez, del otro.

Todos los muertos fueron inhumados en el Cementerio General; el General Lara y el Coronel Gutiérrez con los muy merecidos honores de ordenanza. Solamente el General Palma, contrariando las disposiciones legales y todos los antecedentes del caso, fue abandonado.

Era el 21 de marzo del mismo año, tres días después de la hecatombe. En el piso de la casa mencionada anteriormente, yacía el cadáver de un hombre. La ausencia de puertas, arrancadas de cuajo en la refriega, permitía que cerdos y canes mordieran tranquilamente las carnes putrefactas del muerto. Era éste el General Palma y aquella era su casa, teatro de la matanza fratricida, bajo cuyo techo sombrío, dentro de cuyos muros constelados por impactos de muchos proyectiles, sobre cuyo piso empurpurado por sangre humana descansaba aquel despojo mutilado, símbolo de espanto y de vergüenza para Honduras. Son éstos, felizmente, recuerdos de un pasado muy lejano que se acerca al medio siglo y que Dios no ha de permitir que se repita.

Cien ojos, vidriados por la ira que el asesinato del general Lara y el coronel Gutiérrez causara a sus subalternos, fijos y bien abiertos sobre el cadáver y contorno de la casa de Palma, impedían la conducción de aquél al Cementerio. Quien lo intentara sabía, anticipadamente, que sumaba contra su vida el noventa y nueve por ciento de probabilidades de hacer compañía al General, tras cruelísimo martirio. El poder público, que era apenas nominal, entendía que tal intento sería pretexto para nueva y espantosa carnicería. Era esa, por lo menos, la fatídica impresión que vibraba en el ambiente.

Y sin embargo, uno de tantos días desapareció el cadáver. Los espíritus serenos y los corazones nobles se sintieron libres del peso abrumador e ignominioso que el muerto insepulto significaba para ellos.

Pasaron los años; tal vez veinte. Prestábamos servicios profesionales a un enfermo, en casa vecina al Cementerio. En esta ocasión, no recordamos con qué motivo, el esposo de la doliente nos refirió algo muy hermoso, que a continuación sintetizamos en su aspecto medular:

"Fue un estudiante del Instituto —nos dijo, el que a las doce de la noche, la tercera después del asesinato del General Palma, condujo sus restos al Cementerio—. Allí estaba yo, muchacho entonces, acompañando al guarda. Ignoro cómo él y su compañero, a quien no conocí, pudieron llegar sin un tiro en el cuerpo, aún caminando como lo hicieron por las faldas de los cerros vecinos a Panteón, pues el olor insoportable del muerto los denunciaba a larga distancia".

"El estudiante que se jugaba la vida de tal suerte es ahora doctor en medicina. Vive en San Pedro Sula. Se llama Presentación Centeno".

El hombre que hizo aquello, pensamos nosotros, de modo humilde, silencioso, abnegado y heroico, fue el mismo que en esfuerzo constructivo encendió antorchas en muchas escuelas de la patria.

El mismo que, en estilo corriente y culto, escribió conceptos que chasquearon como látigo de llamas en la faz de los perversos.

El mismo que, como apóstol de la Ciencia, regó el bien a manos llenas en los surcos lacerados de la vida.

El mismo que, como todos los hombres superiores, ¡bebió el vino generoso de los sueños en los odres inmortales del Quijote... ¡La reconstrucción de la Patria Grande fue prédica constante de su pluma!

El mismo, repitiendo el detalle elocuentísimo ya mencionado, que recorrió un atajo erizado de peligros, en donde a cada paso pudo encontrar la muerte, cara a cara, conduciendo a sus espaldas los despojos de José de la Paz Palma.

De hoy para siempre, quien pase cerca a la tumba de aquel muerto ilustre, si es capaz de comprender la grandeza de su historia, se descubrirá poseído de admiración y profunda simpatía.

De hoy para siempre, quien pronuncie este nombre sagrado: PRESENTACIÓN CENTENO, recordando las huellas de bondad, talento, coraje y dinamismo que marcaron el paso de aquel hombre por la vida, rogará a Dios fervientemente que conceda a Honduras muchos hombres que a él se le parezcan.

ALGO QUE SE VIVE EN COSTA RICA

I

Gobernaba don Cleto González Víquez, lo que equivale a decir que gobernaba el más absoluto respeto a las instituciones democráticas en la tierra de Juanito Mora y Juan Santa María.

Uno de los representantes diplomáticos en Costa Rica, durante la administración del Licenciado Estrada Cabrera, leyó al día siguiente de presentar sus credenciales, con airada sorpresa, algo inaudito que se publicaba en la prensa josefina: se afirmaba, nada menos, que don Manuel era un dictador, etc., etc. Saltó de la cama el representante del Licenciado —eran las seis de una mañana primaveral—; se vistió rápidamente y sin tomar el desayuno se disponía a ir a Casa Presidencial, cuando su Secretario le observó lo intempestivo de la hora. A regañadientes esperó hasta las nueve y se presentó a don Cleto.

—Vengo a reclamar de usted, señor Presidente— le dijo, gastando las ceremonias exageradas que acostumbran ciertos diplomáticos— contra algo sencillamente intolerable: dos publicaciones costarricenses se atreven a decir, en sus columnas "que el señor Presidente de Guatemala es un dictador, etc., etc.". Yo pido a usted que ordene inmediatamente silenciar esa prensa audaz y amarilla...

—Lo haré con mucho gusto —le contestó don Cleto—, con la sencillísima y natural condición de que usted atienda la petición que a mi vez me permitiré hacerle, señor Ministro...

—Desde luego— contestó el guatemalteco, interrumpiéndole y dando por seguro que aquel buen viejo le pediría reciprocidad del gobierno de don Manuel, lo que no habría pasado de ser una simpleza, pues los periodistas chapines nunca proyectaron combatir al gobernante de los ticos.

—Si usted obtiene —prosiguió diciendo don Cleto—, que la prensa de Costa Rica, que ha combatido a mis antecesores y combatirá a mis sucesores, no continúe atacándome, como lo hace todos los días, yo satisfaré su petición...

Es innecesario recordar que en Costa Rica, hasta los gobernantes que burlaron la libertad del sufragio, rindieron culto a la tradición sagrada e inmutable, en aquella tierra, de respetar la libertad de imprenta.

II

Con motivo de la cuestión por límites entre Honduras y Nicaragua, se congregaron representantes diplomáticos de uno y otro gobierno en San José de Costa Rica. Era presidente de este último país el hombre tal vez más querido de su pueblo en todos los tiempos de la historia tica: don León Cortés.

Uno de tantos días y en uno de los centros sociales josefinos, departían amistosamente los diplomáticos nicaragüenses y algunos caballeros ticos. Uno de éstos dijo a aquéllos:

—Cuentan por aquí que el General Somoza es un tigre...

—No sería raro —contestó riendo uno de los nicas—, ya que ustedes tienen como Presidente... a un león.

—Pero el nuestro —le respondió alegremente el tico—, es un león... cortés.

PERSHING Y UN MARISCAL DE FRANCIA: DOS HOMBRES INDUDABLEMENTE GRANDES

I

En cierta ocasión en que un recluta norteamericano barría la acera de un cuartel, acertó a pasar por allí el generalísimo Pershing, jefe militar de todas las fuerzas de tierra, aire y mar de los Estados Unidos por aquella época. El recluta llamó tranquilamente al Generalísimo y le pidió un fósforo para encender el cigarrillo que hacía rato masticaba por uno de sus extremos, en aquella mañana de invierno: el Jefe militar accedió inmediata y cordialmente a semejante petición, continuando su camino poco después.

Un oficial que observó aquello dijo al recluta, en tono airado:

—Salvaje, ¿no sabes que has cometido una falta gravísima irrespetando al Jefe militar más alto del ejército?

El recluta corrió enloquecido tras el señor Pershing y, tartamudeando por el terror que lo embargaba, le suplicó perdonara su ignorancia.

—¡No tengas ningún cuidado, le contestó, sonriendo bondadosamente, el Generalísimo; pero sí debes tenerlo, y mucho, ¡si esto te llegara a ocurrir con algún tenientillo!

Esa lectura nos ha recordado siempre a muchos de nuestros tenientes del trópico, con grado militar o sin él, que sufren el vértigo de las alturas, sencillamente porque en éstas están fuera de lugar.

II

Era poco después de una jornada napoleónica. El Emperador y el más cercano de sus mariscales descansaban en los dos únicos taburetes que había en la improvisada tienda de campaña, pues las otras estaban a larga distancia, debido a accidentes del combate. Napoleón había concluido de tomar las notas y de trasmitir mensajes anunciando la victoria, que dictaba a uno de sus oficiales. Lamento no recordar los nombres de dos de los protagonistas principales, de la localidad y de la fecha en que acaeció lo que voy a repetir. Lo leí hace muchos años; olvidé la forma pero no el fondo moral que encierra el relato, ni puede olvidarlo nunca quien una vez lo haya leído.

El mariscal de referencia cumplía la orden que le dio el monarca de condecorar a quienes se habían distinguido en aquella ocasión. Todos eran militares de muy alta jerarquía; todos, menos uno, el último de la línea de los héroes: un soldado humilde y viejo, cuyo rostro cruzaba un pañuelo ocultando profunda herida causada por un lancero austríaco. Terminó aquella honrosa comisión colocando una cruz en el pecho del anciano. Inmediatamente después, todas las banderas, las que vieron a Wagram, a Jena y a Austerlitz; todo el Grande Ejército que presentaba armas en aquella solemne ceremonia; todos los hombres de la Vieja Guardia que llevaban el cuerpo constelado de cicatrices gloriosas, presenciaron emocionados la sencilla sublimidad de aquel minuto; inmediatamente después, repetimos, de condecorar al viejo y humilde soldado, el joven y brillante mariscal lo abrazó sollozando y le trajo para que descansara, el taburete que a él, le había concedido Napoleón.

—¿Quién es ese soldado? —le preguntó el monarca, profundamente intrigado por la escena.

—Señor —le contestó el mariscal, cuadrándose militarmente y con los ojos iluminados de orgullo—: ¡ese soldado es mi padre!

Y cuentan quienes lo vieron, que los ojos del corso inmenso, imperturbables frente a las victorias y reveses, se abrieron y cerraron nerviosamente, como si pretendieran ocultar una lágrima.

Eran tiempos aquellos en que muchos hijos del arroyo ascendían a las más altas cumbres, no por la herencia, ni por el dinero, ni por la intriga, sino por el esfuerzo generoso y digno en lucha con la vida y con la muerte.

San José de Costa Rica, abril de 1947.

EL PATRIOTISMO DESPIERTA EN LA SANGRE

I

Sucedió en una de las provincias francesas que se anexó a Alemania en 1870. No recordamos si en Lorena o en Alsacia; pero sí que fué en una escuela cuyo maestro era un prusiano. Hace de esto muchos años.

Aquél dictaba a sus pequeños alumnos una peregrina lección de geografía.

—¿Cuál es la nación más grande de la tierra? —les preguntó.

—Alemania —contestaron todos, menos uno, que guardó silencio.

—¿Por qué no contestas? —le observó el maestro.

El chico, descendiente de franceses, se puso en pie y contestó:

—Porque no creo que sea Alemania la nación más grande...

—Entonces, ¿cuál es? —le interrumpió el maestro, riendo de lo que consideraba ignorancia de su alumno.

—¡Es Francia! —respondió este último.

—Tú no sabes ni en dónde está Francia —le gritó el prusiano, rojo de ira.

—¡Francia —dijo el niño, irguiéndose sobre la punta de los pies, chispeantes los ojos y el rostro encendido—: Francia... está aquí!

Y desgarrando su camisita, mostró el pecho y llevó la mano allí en donde sentía palpitar el corazón.

II

Fue en el decurso de la Guerra Mundial recién pasada. También en una escuela, con la presencia de un maestro alemán y en una de las provincias irredentas mencionadas.

Hitler visitaba aquellas latitudes para comprobar si la enseñanza nazi se impartía en los hogares, los templos, los establecimientos de enseñanza; en el aire, en el mar y hasta debajo de la tierra.

Frente a los alumnos alineados y en pie, saludándole con la mano derecha levantada, preguntó Hitler a cada uno de ellos cuál era su doctrina política.

Todos, invariablemente, contestaron:

—Somos nazis, mi Führer.

Uno solo, el más chico, disintió:

—Yo soy demócrata —exclamó con acento firme y claro.

—¿Por qué? —le observó el Führer, temblando de ira.

—Porque mi padre es demócrata.

—Y si tu padre fuera ladrón, tu abuelo asesino y tu bisabuelo vagabundo, que serías, ¿granuja? —le gritó Hitler.

—Entonces —contestó sonriendo maliciosamente el niño, en cuya sangre hervía el fuego de las Galias—: entonces... yo sería nazi.

¡MADRE MÍA!

Cuando he regresado, muy de tarde en tarde, al pueblo bien amado en que nací, he llegado siempre a tu sepulcro y te he dicho, desde lo íntimo del alma, de rodillas, juntas las manos, inclinada la frente bajo el peso del tiempo que pasó: en la práctica del Bien, que fue tu religión, me he esforzado por hacerme digno de ti... Dios y tú lo saben bien, ¡madre mía!

Lajornada de la vida es larga y dolorosa, madre. Alguna vez me ha alumbrado el divino fulgor de las estrellas; otras muchas me he detenido, fatigado, llevándome al pecho las manos temblorosas, porque he sentido sangrar mi corazón. Si prosigo sereno la marcha hacia el cumplimiento de mi destino, es porque tú me enseñaste a creer en Dios.

Así te he dicho y yo sé bien que dentro del sepulcro me has escuchado y me has comprendido, ¡oh madre mía!

Tegucigalpa, 6 de abril de 1901.

¡ERA UNA MADRE!

Una anciana y sus nueve hijos constituían el hogar a que este episodio se refiere.

En la lucha honorable por la vida, ocho de esos hijos habían colocado todo su esfuerzo, su capacidad y su honradez, logrando éxito envidiable.

El noveno, Jorge, muchacho de diez y siete años, era en cambio un pillete por los cuatro costados.

Uno de tantos días conversaba doña Fidelia —así se llamaba la anciana—, con don Juan, su hermano.

—¿A quién quieres más entre tus ocho hijos, Fidelia? —le dijo.

Irguiendo su noble cabeza, le contestó la anciana:

—¡Parece que olvidas que mis hijos son nueve!

—Yo no cuento a Jorge, oveja negra de este blanco rebaño del Señor, porque ése ha colmado de amargura tu pobre corazón y de vergüenza el de tus hijos honorables—.

—¡Escucha, Juan, de una vez por todas —exclamó con acento vibrante—: ése a quien tú llamas oveja negra es, indudablemente, ¡al que más quiero!

—¿Más que a cualesquiera de tus otros hijos? —le observó don Juan estupefacto.

—Más que a la suma de todos! —contestó la hermana—. Tú razonas como todos los hombres y como todas las mujeres sin hijos. Yo pienso y siento de otra suerte: Jorge es un pedazo sangriento y adolorido de mis entrañas, un pedazo de mi alma; el único desgraciado en mi hogar, y yo, nunca lo olvides, ¡YO SOY SU MADRE!

Don Juan calló largo rato y al cabo murmuró: "La maternidad transfigura a la mujer, dando un nuevo contenido a su existencia; una finalidad nueva, la más pura, la más alta y la más noble entre todas las humanas; la maternidad iguala a la modesta campesina con la heredera de un monarca, iluminando dos almas que tienen el mismo origen y viven en barros semejantes. Si algún sublime explorador del espíritu investigara en dónde está más claramente escrito el nombre de Dios, en todo cuando existe, y en su búsqueda volara por los innumerables mundos que pueblan el espacio, lo encontraría, al regresar a nuestro minúsculo planeta, en esa página inmensa e inefable: el corazón de una madre... Por eso su juicio, cuando a sus hijos se refiere, se levanta sobre los miserables razonamientos humanos y toma el fulgor de lo divino".

LA PATRIA

La Patria es única; como la Madre. No se trasplanta porque tiene raíces muy hondas, en la naturaleza y en nuestras propias entrañas: bajo la tierra, en nuestros antepasados; sobre la tierra, en la ciudad, la nación y la historia; más alto que la tierra, en el espacio, cuajado de armonías, rico de aromas, para nosotros distinto y mejor que todos los demás.

¡No hay cielo como el cielo de la patria mía!, decimos, poseídos de insondable tristeza, cuando más allá de las fronteras, exiliados, pensamos en nuestra ausente y lejana patria. No se trasplanta porque la tierra que dio savia a los árboles de nuestros bosques, de nuestros jardines y de nuestros huertos, alimentó nuestra existencia, prendió una llama en nuestro corazón y encendió una luz en nuestro cerebro, nos ata con vínculos que salen del pasado, abrazan el presente y se hunden como flechas o como alas entre las brumas del porvenir.

No se trasplanta porque la llevamos en la sangre y en el alma y la tomamos del ambiente en que vivimos, pensamos, amamos y morimos. Su cielo, azul y luminoso, inspiró la página, cálida y primera, que brotó de nuestra pluma; sus caminos, que tantas veces transitamos, nos conocen; las aves que fabricaron su nido en el alero de la casa en que nacimos sabían probablemente nuestros nombres.

Más alto que ese mundo de gratísimos recuerdos, están los recuerdos sagrados de la vida: las manos benditas de nuestra madre, que plegaron las nuestras, infantiles, frente al ara del Señor; nuestra familia, nuestros amigos, lo que va con nosotros, como en un nido, siempre cálido y sonoro, más allá de la vida y de la muerte.

El sol extranjero no calienta, escribía José Martí. Nosotros sabemos todo el frío glacial que contiene esa frase lapidaria: en alguna ocasión, bajo alguna de las naves gloriosas de una catedral estadounidense, oíamos los tañidos solemnes de sus campanas: en esa hora nos escapamos del tiempo y del espacio en que vivíamos para volar, en alas del recuerdo, y escuchar sobre nuestro corazón, como en los días de la infancia, los tañidos armoniosos de las campanas del viejo campanario de la aldea en que nacimos.

Eso y mucho más expresa la devoción que todos sentimos por la Patria. Cada mañana y cada noche, mi alma, arrodillada, musita esta oración: ¡Gracias, Señor, ¡porque me concediste una patria noble y bella, como es la patria mía!

PÁGINA DE ANTAÑO

El ambiente que respiramos en los años primeros de la vida se graba en nosotros, como el troquel en la medalla, para siempre. Me acerco al final de la jornada y el campesino que llevo muy adentro es el único que permanece inmutable en la constante transformación espiritual y física que impone fatalmente el paso de los años: Soy hijo de mis florestas sonoras y de mis verdes pampas.

En la llanura ilímite sumerjo la vista y arrodillo el alma, que asciende a Dios en el vuelo azul de una plegaria; sobre la cima virginal de las montañas contemplo, muy cerca, las aves que viajan en la libre anchura de los cielos y me impregno de esos sueños imposibles que traen los vientos impolutos.

Nací en el Occidente de Honduras, mi patria bendita. La Esperanza es el nombre del siempre amado pueblo mío. En el decurso de mi ya larguísima existencia he recorrido muchos centros de civilización y de cultura: a la luz de sus conquistas portentosas he sufrido siempre la infinita nostalgia del terruño en que nací; de mis pinares susurrantes y de mis fuentes cantarinas; de la dulce fragancia de mis selvas y del purísimo azul de mi cielo; de mi casa y de mi río.

¡Allá descansan muchos de mis muertos y luchan por la existencia muchos de mis vivos; allá hablan, con su armoniosa lengua de metal, las mismas campanas que llamaban a oración en las tardes muy lejanas de mi infancia; allá está el viejo edificio de la escuela en donde un viejo e inolvidable maestro me enseñó a leer; allá la que venero sobre todo cuanto existe, la que me espera todos los días, cuyas veces distantes escucho todas las noches; a donde he de llegar muy pronto: la tumba solitaria de la madre mía!

Acaso explique mi temperamento huraño la influencia de un factor decisivo: la tristeza de mi infancia; los juegos que alegran al niño pasaron ignorados para mí. Mis compañeros de escuela me hicieron saborear, sin pretenderlo, muchas amarguras. Uno de mis tíos, que sabía leer hasta el fondo de mi alma, me decía de modo cariñoso, mientras observaba el pliegue profundo de mi frente: tranquilízate... ¡ya vendrán tiempos mejores para ti!

Tal vez aquellos muchachos tenían buenas razones para reír de mis rarezas: yo les refería sin meditar en la impresión que causaría en su ánimo, entre otras muchas de mis insólitas inquietudes infantiles, mis divagaciones sobre el porvenir de los muertos que, entendía, emigraban a la Luna, desde donde observaban a los vivos, descendiendo hasta ellos como genios protectores, cuando la adversidad soplaba en sus hogares. Cuando tal decía pensaba en mi abuelo paterno, recientemente muerto, a quien yo recordaba con pesar muy sincero y con afecto muy hondo. Por él vestí el primer luto y lloré mis lágrimas primeras.

Cumplí diez y siete años; me gradué de Bachiller en Ciencias y Letras y mi buen padre, que por bueno debe estar muy cerca de Dios, me envió a Guatemala, entonces emporio de cultura mental en Centro América. "Cuando regreses, trae contigo esa cultura, hijo mío"—, me dijo al despedirme aquel noble luchador.

Un día antes de partir, a la última hora de la tarde, cuando se ocultaba el sol tras la distante serranía, fui a un bosque vecino a mi pueblo: iba a decir adiós a aquel viejo amigo; en su seno cariñoso alimenté muchas esperanzas, forjé muchos sueños, di calor y vida a mis primeros y purísimos afectos.

Me senté a la sombra de un árbol muchas veces centenario, en cuya corteza había grabado un nombre muy querido.

Medité hondamente sobre lo que, imaginaba yo, había presenciado aquel patriarca de la selva. Desde lo alto de su copa, me dije, ha visto pasar muchas generaciones, una tras otra, como las olas, en el inmenso mar de la vida; ha escuchado, frecuentemente, el rugido de las multitudes, ebrias de odio, sedientas de sangre y, muy de tarde en tarde, el acento de un apóstol que dice la Verdad y predica la Justicia, mientras sus ojos pensativos adivinan, a través de la sombra y esperándolo, la colina de un Calvario y sobre el Calvario una cruz.

A la vez que esa historia de los siglos, sublime o luctuosa, ha contemplado mil veces pequeñas e inefables historias, que destilan miel y exhalan aroma virginal; historias vividas bajo el alero solícito de sus hojas, en un palacio diminuto, al que dos seres alados y cantores dieron calor y luz con la áurea llamita de su afecto. Desde él inundaron de alegría la arboleda; desde él, cuando los rayos primeros del sol irisaban sus plumas transmutándolos en tornasoladas gemas, saludaron el día cantando dulcemente una oración; desde él, cuando los rayos de la luna argentaban el boscaje, cuajaron en trinos la ascensión de un ruego. Allí pasaron la estación primaveral, bebiendo el vino generoso de la dicha en ese templo sagrado que tiene por bóveda el cielo y la inmensidad por límite. Llegó el otoño con sus vientos quejumbrosos, llevándose muchas hojas caídas y muchas ilusiones deshojadas. Uno de tantos días, nublado y triste, aquellas aves del cielo volaron muy lejos, dejando prendido entre las ramas el melancólico temblor de su último cantar.

El tañido de las campanas del viejo campanario de mi aldea, que anunciaba el ángelus, interrumpió aquella interminable gestación de visionario.

Regaban las estrellas el crespón enlutado de la noche. Murmurando en lengua extraña no sé qué misterios de otro mundo, pasaba la brisa...

Cuando regresaba a mi hogar, creía que llevaba en el alma algo del divino fulgor de los astros.

San José de Costa Rica, diciembre de 1949.

LÁMPARA DE ORO ALUMBRANDO EN LAS TINIEBLAS

Era un ciego a quien había ennoblecido la desgracia. Uno de tantos de la ignorada legión heroica. Transitaba diariamente por esas calles de Dios, vendiendo billetes de lotería, sin importarle las inclemencias del tiempo ni sus propios achaques; atendía los menesteres de su casa; arrancaba a su violín conmovedoras y exquisitas melodías; callaba sus penas y ponía oído atento a las extrañas, deslizando furtivamente una moneda en manos que no necesitaban extenderse, suplicantes. A quienes lo objetaban semejante prodigalidad, les respondía: Lo que me sobra no es mío; pertenece a quienes sufren más que yo... porque no pueden trabajar.

Para él la ceguera solamente comenzó al principiar su juventud, cuando murió su madre. No entendía hasta entonces por qué era yo un ser incompleto, a pesar de que frecuentemente oía murmurar algo parecido, decía con acento en que se escuchaba el vuelo tembloroso de días muy felices y, para él, ya muy distantes. Yo veía entonces porque mi madre ponía una luz en mi camino, y a través de sus palabras comprendía a Dios. En las páginas de la historia de Grecia, Francia, Bélgica, Polonia y otras naciones, que ella me leía, aprendí a admirar el heroísmo e imaginé como es de grato el vino de la gloria. En las oraciones que, desde niño me explicaba, fue mi espíritu muy lejos, hasta allá en donde soplan vientos que llegan del Infinito.

Era ella una antorcha que se extinguió... ya no sé dónde ni cuándo; sólo sé que desde entonces he vivido mucho tiempo, tal vez más de un siglo.

Lo acompañaba un niño de diez años. Era su lazarillo y uno de los tres seres que más amaba. El otro era su perro, que observaba atenta y dulcemente al ciego, como si quisiera hundir y prestar su mirada viva a la mirada muerta de su dueño, cuando éste le hablaba cordialmente de tantas cosas idas. A veces he pensado que se comprendían. Y así debe haber sido: sus corazones hablaban el lenguaje mudo y elocuente del cariño. El tercero, que para los extraños era apenas un objeto, para él era un ser querido: hermano, confidente y vocero, escuchaba, traducía y musicalizaba lo que sangraba en el corazón de aquel desventurado. Cuando muera me iré abrazado a mi violín y me sentiré acompañado en la infinita soledad de la tumba, decía, refiriéndose a su armonioso compañero.

Conocía a los hombres mejor que muchos que tienen ojos y no ven. Sabía que las multitudes sórdidas, adheridas a intereses mezquinos, son incapaces de comprender cuánto de noble y grande hay en ciertos hombres, como de admirar el milagro de los mundos surcando el infinito. Los ciegos son frecuentemente meditativos; no se extienden en el aspecto multiforme de los seres y las cosas y, mirando hacia adentro, ahondan muchos aspectos de la vida. Si es uno sólo el barro humano, se preguntaba ansiosamente, ¿por qué ese antagonismo siniestro que no explica la herencia, el ambiente físico o el moral entre miembros de una familia? Por qué son representantes de la especie humana los genios, los héroes y los santos y, también, los imbéciles, ¿los egoístas y los criminales?

Pasteur, Abraham Lincoln, Francisco, el soñador de Asís, que levantaron lo humano hasta convertirlo en divino, ¿no fueron por ventura hermanos de quienes dirigen los regímenes totalitarios, que hacen descender al hombre más bajo que las fieras? Y, actualizando el sombrío interrogante, frente al nazi-fascismo, feroz e insolente, asesinando a pueblos indefensos e iluminados por la gloria en el decurso de los siglos, exclamaba: No veo; pero escucho, allende los mares, el graznar de los cuervos que llevan carne heroica en las garras. La persecución milenaria de los judíos, ahora intensificada por los comunistas, era algo sombrío, obsesionante e inexplicable para su purísimo concepto de justicia. Cuando se refería a los cristianos, que persiguen a los hebreos, formulaba esta frase amarga: ¿No serán éstos los sepulcros blanqueados de que Jesús habló? Y con acento inspirado y profético, agregaba: ¡La redención del pueblo de Israel ya está cerca!

Era un artista de verdad. La noche los vistió de luto; pero dejó en el fondo de su alma el fulgor de las estrellas. Rasgando las cuerdas de su violín, recorría todo el pentagrama del sentimiento, convirtiendo en ondas de armonía la amargura que desbordaba su espíritu. Escuchándolo se creía que una bandada de alondras batía sus alas bajo aquel techo, cuajándolo de trinos. Y en el pálido rostro del artista, en su luenga y alborotada cabellera; en la sonrisa que cruzaba, iluminando, su faz radiante, se sentía la llama que ardía en aquel generoso espíritu. Y se creía sorprender a la espalda de aquel hijo de la noche, un resplandor tocado de misterio con lineamientos de cruz o de alas.

El niño, a quien el ciego ocultaba sus pesares, contaba que en ocasiones aquél se reía; pero, agregaba pensativo: yo no sé en realidad si ríe o llora en semejantes casos. Si la curiosidad infantil, que abisma en profundas meditaciones hasta a los sabios, le preguntaba: si la muerte era buena o mala, él cordialmente, le respondía: Es mala para muchos que no la entienden; es buena para los pensadores que le entienden bien y para los justos que le entienden mejor; a ti te devolvería el par de alas que perdiste hace poco, cuando llegaste al mundo, y a mí me daría lo que la vida ingrata me negó... porque ¿sabes?, ¡yo veré más allá de la tumba y conoceré a mi madre!

Una fría mañana de invierno besaba el niño el rostro pálido del ciego y le rogaba, sollozando, que contestara a su llamado. El perro, con las manos al borde del lecho y el hocico en alto, desgarraba el silencio de aquel barrio, tranquilo y solitario, con el dolor de sus aullidos. Inmóvil, yerto, el violín bien amado entre sus brazos, yacía el artista. Estaba mudo, mudo para siempre. En cambio, veía, realizando así su más hermoso sueño, el que la vida

ingrata le negó: veía a su madre, allá en el cielo. Era por eso que había en sus ojos una lágrima y aleteaba, gloriosa, una sonrisa en sus labios de muerto, saludando la aurora de ultratumba.

FRENTE AL MAR

Los postreros rayos del sol iluminaban el cielo con la armonía soberbia de sus tintas. Parecía que la Naturaleza se hubiera volcado como inmenso vaso cargado de notas y colores.

Acaso deslumbrado por el milagro de allá arriba, susurraba dulcemente el mar, aquí abajo. La onda amarga se coronaba de cándida espuma, agitada por la brisa de la tarde, suave y refrescante. Volaban, hacia el cercano bosque, las aves marinas en busca de descanso.

En aquella hora y frente a aquel portento se sentía el peso de algo solemne. Por modo natural y espontáneo del alma se elevaba, como el ave de su nido cuando llega la aurora, una oración, muda y sin embargo, elocuente y alada. Dios la oía.

Deslizándose en la extensión, cuyo límite no alcanza la mirada, un barquichuelo se perdía en la distancia. Lo guiaba un pescador, joven, humilde y esforzado. Mientras bogaba, emergía de su boca una canción, melancólica y tierna como una serenata argentada por la luna. Poeta ignorado como hay muchos, escribía en el aire lo que llevaba en el alma: daba salida a sus ilusiones como si libertara pájaros cautivos, que poblaban de trinos el espacio. Soñaba.

De inmediato, en la magnífica redada que llevaría al hogar, en donde lo esperaban ansiosos su mujer y sus hijos; para tiempos venideros, en la casita abrigada que reemplazaría a la cabaña, en donde ahora penetraban todos los vientos y soplaban, heladas y cortantes, todas las privaciones; en el huerto cuyos frutos destilarían miel cuajada bajo el sol de los trópicos y, si Dios quería, en el jardín que estallaría en lirios blancos y claveles rojos.

Eso, que llevaría luz y alegría al corazón de los que amaba, bastaba a colmar toda su ambición.

El mar y su esfuerzo de todos los días, luchando a brazo partido con las olas; a veces bajo las sombras, sobre el abismo, guiado por solitaria estrella azul, darían un poco de felicidad a los suyos.

Avanzó la noche; se tornaron densas las tinieblas y la brisa se convirtió, de improviso, en aliento de huracán. Aquello, la calma, la aparente protección de lo inconmensurable a lo frágil e inerme, se diría una celada tendida al pescador. Insomnes, escuchando la tempestad que rugía en la vecindad del puerto; midiendo toda la infamia del coloso que se ensañaba cobardemente en aquel átomo, humilde y grande como un héroe, nos revolvíamos en el lecho. Aceptando que existe el alma de las cosas, no podíamos comprender aquella rabia inaudita de lo inmenso contra esa debilidad que lleva consigo el soplo de lo eterno.

A la mañana siguiente descansaba en la ribera desolada el cadáver del pescador. En desorden el cabello; los brazos en cruz; muy abiertos los ojos, parecía que contemplaba algo perdido en el fondo del espacio. ¡Quién sabe si en aquella mirada aún vivía la perspectiva trágica de un sueño irrealizado y encerraba amargo reproche al destino!

Recordando aquel drama, uno de tantos que viven los humildes y olvida pronto el mundo—¡cuánto se digna observarlos! —he pensado que es un símbolo completo de la ironía que la vida desborda, para todos los hombres, en todos los tiempos y en los cuatro rumbos del planeta.

Cuando en el ocaso, el hombre, viajero eterno, amarra para no soltarla más, la vieja barca, —innecesaria para la próxima y última jornada a ese país del que ya no se regresa—, torna la vista al pasado, y al mágico conjuro de la hora postrera, los recuerdos se levantan de su tumba y se alinean como soldados de la Vieja Guardia, erguidos, correctos y precisos.

Allí están los de la infancia, límpidos como gotas del arroyo montañero; allí los de la juventud, encendidos como rosas o como llamas; allí los de la edad madura, dentro de los que se escuchan gritos de combatientes, lamentos de vencidos y aplausos de victoria.

Y después, los más cercanos, fríos y brumosos como el invierno, caminando encorvados hacia el sepulcro. Y ahora, cuando se acerca la hora de partir, el peregrino que dejó el patio solar hace muchos años, alegre el corazón y la frente iluminada de esperanzas, tiene la visión del camino que recorrió, de ese camino, en que contempla muchas velas rotas, azules y rumorosas como alas —las ilusiones muertas—, y comprende que no fue el que imaginó hace más de medio siglo, el día en que salió a conquistar la gloria y la fortuna por mares y por tierras ignoradas. Como el gladiador romano, dice a los hombres

¡El que va a morir os saluda!... Y sonriendo, con sonrisa más amarga que una lágrima, agrega: ¡La vida nos juega unas partidas tan ingratas como el mar!

Puerto Limón,
Costa Rica.

SUEÑO INMORTAL

Departiendo con María, la antigua novia del poeta, he sentido, como se siente muy pocas veces en la vida, el poder incontrastable del espíritu levantándose sobre las flaquezas de la materia: en su frase inspirada y ardiente y en la luz sagrada que en sus ojos fulge, he visto volar aquella alma por rumbos misteriosos y eternos.

Ahora, treinta años después de que vine en conocimiento, en un cuarto desmantelado de una casa de huéspedes, frente a la agonía de un joven patriota, del principio de una historia divinizada por el dolor y la esperanza, he comprendido los últimos días del conmovedor romance.

—Juan, el enfermo, es un proscrito —,me dijo uno de sus amigos—. La paz de los sepulcros —que impera en su país y que los escribidores a quienes el tirano arroja la soldada del verdugo llaman envidiable, como si fuera la de una nueva y dulce Arcadia— lo expulsó de su patria y lo está expulsando de la vida.

—Ese joven, que tiene de héroe las entrañas y se ha batido varias veces, defendiendo la libertad y la justicia, es un poeta verdadero y múltiple —agregó una de sus amigas, espiritual y hermosa como pocas—. Escribe versos muy lindos, dibuja paisajes muy bellos y, por la noche, arranca dulces notas a su1 flauta o da al viento cantares profundos y sonoros en los que se siente temblar la inmensa nostalgia de la vida.

Después de escuchar éstos y otros comentarios, entré en la habitación del enfermo, Lo examiné de modo atento, y obtuve la convicción de que nada ni nadie podía detener aquella existencia en fuga.

Sin embargo, pretendí ocultarle mi pensamiento y le dije, oprimiendo con cariño entre las mías sus manos descarnadas:

—Usted estará bien dentro de poco, mi querido amigo.

—Así lo espero, señor doctor, porque después de tantos días ingratos y de tantas noches sin sueño, en una de las próximas me dormiré para no despertar jamás —me contestó, resignado y sonriente.

Sobre una mesita próxima a su cama, detrás de un jarrón sobre cuyos bordes se doblaban muchas flores marchitas, se destacaba el retrato de una mujer muy guapa. Él lo contempló largo rato, de modo intenso, como si quisiera llevarse en el alma, íntegra, al otro mundo, aquella imagen adorada. Y a su frente, que ya invadían las tinieblas, ascendió llama divina e insondable.

—Es el retrato de María —dijo—; ¡a la que ya no veré más...!

Vibraba en su acento todo el dolor que puede caber en el corazón de un hombre.

Continuó:

"Nos amamos desde niños.

Yo nací melancólico y huraño, como si presintiera a dónde me llevaría la vida: la música inefable de su risa, que tintineaba como campanitas de plata, disipaba mis tristezas sin nombre. Ahora mismo, a orillas de la tumba, me parece contemplar, tras un velo de ensueño, la dulzura de sus ojos húmedos y verdes. Como una estatua de mármol rosa a través de la que irradia el oro luminoso de su espíritu, concibo yo a María. Contemplándola me he imaginado que, cuando el Supremo Artífice observaba la Creación, descansando sobre un jirón azul de cielo, sintió que faltaba algo digno de coronar su obra: tomó para tal fin, a las frondas, la onda más grata de perfume; la más bella de sus tintas a la aurora y la más dulce de sus notas a las aves, las mezcló en ánfora magnífica y vertiendo aquella mezcla sobre la esmeralda del Paraíso dio vida a este milagro: la mujer. Como dos gotas de rocío que se confunden en una sola, cristalina y pura como una lágrima que vierte el corazón en un minuto de dicha: así he concebido nuestro amor.

Esperaba que en un porvenir muy cercano, cuando yo regresara con un título, de la Universidad, Dios uniría, bendiciéndolos, nuestros destinos.

Todo eso, a esta hora tan lejano, tan bello e imposible, lo destrozó la garra miserable de un cacique...

Le estoy enseñando lo que sangra dentro de mí.

Es mi corazón que se abre como flor purpúrea bajo el beso helado de la muerte".

Y después de largo rato de silencio, condensó en la siguiente frase todo cuanto ya no podían expresar sus labios

"Le hablo así porque me estoy acercando al fin de mi existencia, y esta hora, es la hora del Señor".

—Las flores de los maceteros de su ventana, sus flores, se están marchitando —le dijo una sirvienta que pasaba casualmente por allí y era incapaz de comprender que aquel joven estaba viviendo el final del último acto de su drama.

—Es verdad —contestó—. Hace varios días que no he podido atenderlas y se están muriendo... como yo; pero muy pronto, tal vez a la luz gloriosa de una tarde como ésta o bajo los sagrados luminares de la noche, me iré a un mundo mejor, a donde no llegan los opresores de aquí abajo. Allá arriba continuaré cultivando las flores del jardín de Dios y le pediré prestadas una de ellas para colocarla frente al retrato de María.

—¿De qué flores habla usted? —le preguntó la muchacha estupefacta.

—Son los astros los que allá florecen. Yo seré jardinero del Señor —le contestó, y su mano enflaquecida se levantaba, señalando el Infinito.

Tres días después, en una mañana primaveral, el pálido soñador se fue, llevándose muy adentro, como en nido de rosas, el milagro de la aurora que glorificó su agonía.

Los padres de Juan hace largo tiempo que murieron. La tiranía, que mordió durante muchos años la carne y el alma de su pueblo, se derrumbó mucho antes, seguida por candentes maldiciones que como lanzas de fuego se prolongarán en el decurso de los siglos.

María vino en conocimiento de la muerte de su novio algún tiempo después de que ocurrió; pero no dio crédito a semejante información, ni se la da a esta hora, treinta años después, porque la considera sencillamente imposible. Sobre el oro de sus cabellos ha caído la nieve de muchos inviernos; tiemblan sus manos, flaquean sus piernas; su cuerpo que antaño se erguía, esbelto como un pino del forestal, se inclina cansado hacia la tierra.

Solamente sus ojos, iluminados por la fe que en ellos fulge como antorcha, miran todavía muy lejos, miran el camino por donde Juan se fue y por donde ella afirma que vendrá: la materia ha envejecido antes de su hora, pero en su espíritu florece eterna primavera. Todos los días, a diferentes horas, permanece largo rato en las ventanas de su casa solariega, mirando el camino que corre serpenteando por la lejana sierra, y se la oye exclamar en su eterno soliloquio: Por allí regresará; o contempla, por la noche, la pálida estrella que guía al pastor extraviada en la montaña y dice, emocionada y gloriosa: él la está mirando a esta hora y me envía, con esa mensajera azul, un mensaje de amor y esperanza... . que le devuelvo yo! Y lleva al corazón palpitante sus manecitas temblorosas.

Sólo las almas superiores pueden comprender la divina locura de ese ensueño que, a la menguada realidad del sentido común, opone la ilusión, que es la realidad de los santos, de los sabios y de los poetas. ¿Qué es el amor? Oración sincera que asciende a Dios en ondas de armonía; sabiduría infinita palpitante en el corazón de todos los seres; poesía excelsa que nunca tuvo fiel expresión en el lenguaje humano.

Por eso vuela, en un vuelo que no ha de terminar jamás, que irá más allá de la vida y de la muerte porque guarda las sagradas virtudes de lo eterno.

Vi a María hace poco tiempo, en una tarde del otoño que pasó; en una de esas tardes solemnes en que sentimos que los acentos apagados que llegan en alas de la brisa, del valle distante, son voces que despiertan en nosotros vagos recuerdos de lejanas vidas, desgarrando momentáneamente el velo que nos oculta los misterios de ultratumba.

Yo observaba, en el viejo salón abandonado, el retrato de la antigua novia, divinamente espiritual y bella, igual al que ví, en una tarde como ésta, cuando Juan agonizaba. Me pareció que sobre aquel retrato aleteaba, dorado e inquieto, el resplandor de una llama muy distante. ¿Serán los rayos del sol, me dije, que lo alumbran al descender tras las montañas, por las ventanas entreabiertas?

¿O será una áurea flor de luz prestada, con que lo ilumina el alma del poeta desde la región celeste en donde mora? Y me pareció que alguien murmuraba en mis oídos: es el alma doliente y soñadora del poeta, jardinero del jardín de Dios, que realiza la esperanza que la animaba cuando estaba próxima a remontarse a lo infinito.

UN HOMBRE FELIZ

Algún peregrino investigador se dio, en el correr de los siglos, a la búsqueda, en diferentes latitudes de la tierra, de la encarnación absoluta en un ser humano de esta eterna aspiración: la felicidad. Nunca la encontró.

Nosotros, apenas humildes investigadores en el campo ilimitado de nuestra profesión, nos encontramos, sin buscarlo, con el ser que inútilmente pretendió encontrar aquél.

Terminábamos de visitar el Asilo Chapuí, en San José de Costa Rica, hace muchos años. En uno de los amplios corredores, pocos antes de la puerta de salida, se paseaba un caballero cuya presencia física era bastante para llamar la atención del más superficial observador: radiante la mirada, retadora la sonrisa, erguida la cabeza, tenía toda la apariencia de un rotundo triunfador.

—¿Quién es? —dije al colega que tenía la gentileza de guiarme.

—Lo presentaré con él —me contestó—. Es un colombiano cuya conversación le será muy grata... Ruego a usted verme antes de irse.

Nos presentó.

—¿Visitaba usted a algún amigo en este hotel? —me dijo.

—Visitaba este establecimiento por primera vez —le contesté— sin parar mientes en la broma que yo entendía encerraba su pregunta.

—¿No es usted de aquí? —me observó.

—Soy hondureño. ¿Y usted, señor, es hijo de ese noble y glorioso pueblo colombiano?

—Soy oriental —me dijo—. En el seno de aquella tierra de portentos y misterios tengo mi residencia definitiva. Allá está mi esposa, la mujer más noble y bella que ha salido de las manos del Creador. Es hija de un rey muy poderoso, ahora viejo y enfermo. La princesa me escribe, llamándome, porque heredará el trono y yo seré el Regente. Nuestra residencia es un palacio maravilloso, construido con materiales llevados de los cuatro rumbos del planeta; es una joya arquitectónica como no la vieron antes de ahora ojos humanos, que habría envidiado el Rey Salomón si por estos días existiera.

—¿Anda usted de paseo por América? —le interrumpí.

—No señor; he estado visitando las minas de brillantes que poseo en el Brasil y las inmensas plantaciones de café que poseo en Colombia. Hace dos meses que estoy de vacaciones en este hotel. En los días últimos de este mes regresaré a mi patria. Si usted quisiera venir conmigo, pasaría unas vacaciones gratísimas e interesantes en nuestro reino. En el aeropuerto de Santa Ana me espera un dirigible confortable, que hice construir hace poco en Norte América.

—¿Es usted mahometano o budista? —le pregunté.

Me contestó:

"Soy cristiano, pero no pertenezco a ninguna de las sectas del cristianismo. La práctica del bien en sus múltiples aspectos es para mí la religión universal, verdadera y única. Es ésa la que nos enseñó, con su vida y con su muerte, Jesús, el hijo de María. Yo entiendo a mi modo, la oración: el que cura heridas o alivia sufrimientos, ora; el que enseña al ignorante o redime al caído, ora; el que cruza, con látigo de llamas, el rostro de los déspotas, ora. No importa el lugar en que lo haga: sobre las olas del mar, cuando navega; sobre las nubes, cuando vuela; en el hogar o en el campo, cuando medita, en todas partes se puede arrodillar el cuerpo o arrodillar el alma pidiendo misericordia o gracia al Creador del Universo.

Las utilidades de plantaciones y de minas que poseo en esta América me servirán para eso, para orar. La ignorancia torna indefenso al hombre, que vive en las sombras y camina sin rumbo, como el pastor que se pierde en las selvas o el pescador en el fondo del mar: yo levantaré mis manos hasta el cielo y arrancaré estrellas para arrojarlas a puñadas en medio de esa noche social, fundando escuelas en todos los rumbos del planeta. La falta de trabajo en el niño y en el hombre los conduce al crimen: yo llevaré la redención a las cárceles, organizando talleres que hagan de niños, hombres honrados y de bandidos, hombres útiles.

Las dolencias físicas se levantan, como muralla china frente a la ventura y progreso humanos; el paludismo, la fiebre amarilla, la tuberculosis, el cáncer, la parálisis infantil han tornado muy triste la existencia: yo estableceré laboratorios, clínicas, hospitales, en dos palabras, me esforzaré por hacer del planeta una ilímite tierra paradisíaca. Levantaré mi corazón en alto, como lámpara siempre encendida, frente al altar del Señor. De esta suerte mi vida será oración larguísima e inefable, y así continuaré, cuando me vaya de este mundo, viviendo en la conciencia de los humildes, de los perseguidos, de los hambrientos, de los enfermos, de los parias; de aquellos a quienes Jesús bendijo y espera Dios más allá del firmamento".

—Cuál es su concepto filosófico sobre la muerte? —le pregunté.

—La muerte no existe, tal como la entiende la inmensa mayoría humana; es esa una palabra vacía de contenido real: la muerte es el principio de una nueva vida, un envidiable viaje a un mundo mejor que el mundo nuestro.

En ese momento me despedí de aquel hombre, cuya divina locura había iluminado mi espíritu durante un largo cuarto de hora. Habría deseado escucharlo muchos días.

En la oficina de mi colega pregunté a éste su opinión sobre si sería posible devolver la razón a aquel enajenado.

—No lo creo —me contestó el eminente especialista—: ese delirio sistematizado de grandeza es, casi siempre, sintomático de parálisis general, que en este caso no se ha presentado todavía y acaso no se presente nunca. Es un síndrome complejo y raro, que considero irreversible.

—¿Y si pudiera devolverle la razón, se la devolvería usted? —le observé—. ¿No cree que hacer eso sería tanto como arrojar al torrente humano, erizado de dudas, angustias y pasiones a un hombre excepcionalmente feliz?

—Tiene usted razón —me contestó—: Ese joven, que fue un poeta ilustre hace pocos años, continúa viviendo el sueño más hermoso de la vida. Despertarlo... ¡sería un crimen!

ESTOY MALDITO...

Era el año de 1917. El Unionismo de mi Patria había confiado a dos miembros del mismo, (yo era uno de ellos), una misión cerca del gobierno y pueblo de una de las repúblicas hermanas. En Centro América la Unión política de las cinco repúblicas ha sido ideal secular: en él han tomado fuego nuestras almas. Especialmente la juventud ha llevado siempre en alto esa bandera agitada por vientos de gloria.

Después de quince días nuestra misión estaba terminada.

Meditaba en los inconvenientes de prolongar nuestra permanencia en la república vecina, por motivos diferentes, cuando alguien llamó a la puerta de mi aposento. Era antes de las siete de la mañana. Abrí creyendo que sería un empleado del hotel el que llamaba.

—¡Alberto! —exclamé reconociendo en el visitante, a pesar de sus cabellos grises y pliegues prematuros en su rostro, a uno de mis antiguos compañeros de estudio.

Alberto, que frisaba en los treinta y cinco años, y yo habíamos estudiado fraternalmente unidos hasta el cuarto año de medicina. Entonces él se fue a conquistar a París, brillantemente por cierto, el título de médico y cirujano. Yo lo obtuve, algunos años antes que él, en Guatemala.

—He seguido en los periódicos, que leo diariamente en una de mis fincas —me dijo Alberto—, la profunda simpatía con que ustedes han sido recibidos. ¿Pero, no consideras que ya es tiempo oportuno de regresar a Honduras? Piensa que nuestro presidente es el Licenciado...

—Estamos perfectamente de acuerdo —le contesté—; en eso, precisamente, meditaba cuando llegaste.

—La solución es bien sencilla: vente conmigo al campo, alejándote por dos o tres días de este medio, y regresarás oportunamente para que puedas preparar tu viaje.

Y salimos por el tren de las siete.

Después de algunas horas y en una de las estaciones del ferrocarril, tomamos dos caballos y al cabo de pocos minutos llegamos a la puerta de una cerca, en donde principiaban los terrenos feraces y bien cultivados de la magnífica heredad de mi amigo.

Sentado en una piedra, con un perro a los pies, un anciano contemplaba la gloria del crepúsculo a la puerta de pajiza cabaña. Alberto me informó que era un mendigo a quien había hecho construir aquella habitación primitiva porque, acostumbrado a una vida especial se negaba rotundamente a vivir cómodamente en la casa de la finca.

—Son tan frías estas noches, Pedro —le dijo Alberto—, que no me explico cómo estás vivo, durmiendo en el suelo y en este rancho.

—Niño —le contestó el mendigo—, duermo toda la noche y me levanto como los pájaros, al despuntar la aurora. Me acompañan dos buenos amigos: el cariño de mi perro y la tranquilidad de mi conciencia.

Alberto dio al mendigo el dinero que llevaba y continuamos hacia la casa de la finca, a donde llegamos poco después. Era ésta una mansión soberbia. Rodeada por extensos jardines en que se cultivaban plantas exóticas y rosales magníficos, poblados de aves de toda clase, y situada al pie de una montaña en donde comenzaba inmensa llanura, daba impresión muy grata. El interior estaba en armonía con el contorno: biblioteca escogida; mobiliario vienés; gobelinos costosos; tapicería antigua, todo de gusto exquisito en el que no asomaba la pretensión del millonario arribista.

Cenamos inmediatamente, porque nos sentíamos morir de hambre.

A las diez de la noche Alberto me acompañó a mi dormitorio, indicándome que en la mesa de noche quedaba una vela, por si acaso, a mí como a él, la luz eléctrica me molestaba para leer. Después me condujo al baño que se encontraba más allá de su dormitorio.

—A la hora que quieras puedes pasar por aquí —me dijo—; no me molestarás.

Observé que la vela colocada en su mesa de noche, como la que a mí me había dejado, tenía le peculiaridad de su longitud, que era casi de medio metro.

Leí unas pocas páginas de un bello libro de Swedenborg; apagué la luz y me dormí con el sueño de un niño. Al día siguiente, cuando los rayos del sol penetraban por una de las ventanas de mi dormitorio, me levanté y me fui al baño. Al pasar por el cuarto de Alberto observé, con sorpresa muy natural, que la vela se estaba casi extinguiendo, y deduje que mi amigo no había dormido en toda la noche.

—¿Te sientes mal? —le pregunté de modo cariñoso.

—Me siento bien —me dijo secamente.

—¿Pero, entonces, por qué no has dormido? —insistí, señalándole la vela.

Con brusquedad casi ofensiva, me contestó:

—¡Te repito que me siento bien!

Pasé al cuarto de baño y poco después subí a uno de los miradores de la casa. Desde allí contemplé la magnificencia de aquella propiedad: a la derecha, cafetales en flor cuyo fin no alcanzaba a distinguir, y a la izquierda, vacadas que rumiaban en una enorme extensión de campo, completamente cultivado de alfalfa y heno.

Cuando bajé, a las ocho de la mañana, Alberto me esperaba para tomar el desayuno. Concluido éste, me invitó con acento cariñoso a pasear a caballo por las selvas vecinas.

—Mira —le contesté— he tenido gran placer en venir contigo a tu finca; pero creo que regresaré hoy a la ciudad.

Él comprendió la causa de aquella decisión mía y me dijo así:

—¡Escúchame!: tú eres uno de los pocos compañeros de estudio con quien me siento unido cordialmente. Algunos de nuestros compañeros han muerto; otros han sido arrastrados por esos torbellinos engañosos, que al principiar la juventud, atraen con cantos de sirena; otros están lejos… Te explicaré mi contestación de esta mañana, aparentemente brutal e indigna de mí mismo, y tú me perdonarás...

En el acento tembloroso y suplicante de mi amigo comprendí que en su corazón sangraba algún recuerdo.

—Omite la excusa y vamos de paseo, que eso te hará bien —le contesté, abrazándolo.

En el fondo de la selva, bajo el ramaje umbrío de un roble centenario, nos detuvimos y nos sentamos sobre la grama.

—Escúchame, muy atentamente —me dijo—: ¿te acuerdas de Gloria?

—¿De tu prima? —le contesté—; perfectamente. Era una bellísima y dulce muchacha. ¿Con quién se casó?

—Gloria era hija de mi tío José —continuó, sin parar mientes en mi pregunta—, un español insular, que se enriqueció en Cuba, cultivando caña y produciendo azúcar. Mi tío era diez años mayor que mi padre. Quedaron huérfanos y mi tío José se convirtió en padre de su hermano, que era casi un niño: lo atendió con afecto muy cordial; le dio profesión y dinero, armándolo de esta suerte para luchar por la vida. Cuando mi padre dispuso venir a radicarse a esta tierra, aquel hermano ejemplar sufrió hondamente, como cuando un hijo se marcha por largo tiempo y a larga distancia. Muchos años después, Gloria llegó a nuestra casa. Era muy niña, cinco años menor que yo. La trajo de Cuba un viejo español, con una carta de mi tío, que recuerdo perfectamente porque mi padre la leyó muchas veces, con los ojos húmedos y la voz enronquecida, y me la dio a leer otras tantas cuando yo era un adolescente. Decía así:

"Mi querido hermano:

Te envío a Gloria porque me siento morir. Me quedan pocos meses de vida. No te escribo más porque me tiembla la mano y no me entenderías. Estoy perfectamente seguro de que tú la cuidarás con amor, como si fuera tu hija. Recibe mi bendición y mi eterna despedida. Creo firmemente que hay otra vida mejor y allá te espero. No olvides que la honra de Gloria, la honra, sobre todo, es la de nuestra familia; la mía y la tuya.

Tu hermano,

JOSÉ".

—Mi padre amaba a Gloria entrañablemente. Era la hija de su hermano, no sólo sentía correr su propia sangre, sino la oportunidad, única y feliz, de pagar en parte la deuda inmensa de gratitud y de cariño contraída con aquel hombre que había sido para él el mejor de los padres. Como tal vez recuerdas, me marché a París. Seis meses después... ¡Moría Gloria!

—¿De qué? —le pregunté sorprendido.

—¡Esto es horrible, sencillamente horrible —me contestó—; pero no es tiempo de ocultarte nada y es mi objeto confesarte todo: tuve con ella amores ocultos, de los que mi padre no se enteró sino hasta última hora, cuando nacía muerto un niño, ¡mi hijo... Gloria murió poco después! Mi padre, de quien no recibí desde entonces ninguna comunicación, sobrevivió poco tiempo. ¡Murió de dolor y de vergüenza! —me dijo Alberto, sollozando como un niño.

En su rostro lívido, en su acento quejumbroso, en sus ojos que miraban como si fueran los de un espectro, yo vi, con amargura, sangrar una tragedia.

Guardó silencio, con la cabeza entre las manos; un silencio muy largo y espantoso.

Comprendí que aquel hombre, joven, millonario, casi un sabio y en el fondo generoso, había sido cruelmente fulminado por el destino: una sola falta, pero irreparable, había sido bastante para herir de muerte lo que de otra manera habría sido una existencia fecunda, brillante y feliz.

—Regresé —continuó después—, con acento sombrío; un notario me notificó, pocos días más tarde, que en su poder existía el testamento cerrado de mi padre, cuyo contenido ignoraba, y que debía concurrir a su oficina ese mismo día, por la tarde, para abrirlo y leerlo en mi presencia, cumpliendo instrucciones recibidas. Concurrí. El notario y dos testigos estaban en la oficina. Se rompieron unos sellos y se abrió el testamento, dejando constancia en el acta respectiva. Leyó el notario lo que era la última voluntad de mi padre, quien me constituía como su único y universal heredero, acaso porque no tenía parientes a quiénes heredar o porque la brevedad de su dolencia no le dió tiempo bastante para meditar en algo mejor. Al llegar a cierta parte del testamento, el notario manifestó indecisión en continuar leyendo...

—¿Por qué no continúa usted? —le pregunté, dudando de aquel hombre honorable.

—Eso es todo— me contestó: —considero innecesario leer el resto, pues las fincas, casas, valores, que ascienden a varios millones, son de usted.

Vibraba en el acento de aquel hombre un temblor cuyo origen no pude comprender y que afirmaba mis dudas sin fundamento, por lo que le repliqué en forma ya incisiva:

—Exijo que usted lea todo el testamento, absolutamente todo. Usted no tiene derecho a ocultar algo del mismo.

—En buena hora —me contestó aquel profesional honorable—: la cláusula última y final dice así:

"También lego a mi hijo Alberto —el notario se detuvo nuevamente, como si dudara en continuar; pero observando mi rostro ceñudo, prosiguió—; también lego a mi hijo Alberto, mi eterna maldición porque sedujo a mi sobrina, deshonró mi nombre y sobre todo, porque manchó la tumba de mi hermano, el ser que más he venerado en la vida".

—Ya sabes, ya sabes... ¡Yo estoy maldito! —continuó aquel desventurado con acento que parecía el rugido de una fiera herida en las entrañas—, Pedro, el mendigo, ¡me dijo que dormía bien porque tiene la conciencia tranquila y yo no puedo dormir! ¿Por qué Dios no le dio a él, mis millones y a mí su cabaña, su perro y su piel? ¡Padre mío, perdóname! —gritó enloquecido, con el cabello en desorden, arrodillándose en medio de la selva, con las manos juntas y mirando dolorosamente al cielo... ¡No, mi padre no me perdonará nunca, nunca, nunca! —sollozó, ocultando la cabeza en el polvo del camino—. ¿Lo oyes? —me gritó—. ¡No me perdonará!

Algún tiempo después leí, en alguna publicación, que Alberto había sido encontrado muerto en su lecho y que la ciencia nada anormal había descubierto en la autopsia, nada que revelara enfermedad, crimen o suicidio, significándose éste como un caso insólito.

—¡Ay!, pensé: ¡la ciencia, nuestra ciencia nada nada normal podía encontrar en el cadáver de mi amigo... ¡Alberto llevaba su enfermedad en el alma!

EL SUEÑO DEL ARTISTA

Del bloque del mármol arrancado a ubérrimas canteras, el artista hace surgir las espléndidas formas de una estatua de mujer.

Cuando al último golpe del mágico cincel, el hermoso sueño se hace realidad, tornándose inmortal, el autor se arrodilla frente a su obra.

¡Cuán bella es!

Parece vivir; parece que su creador ha infundido, con su aliento poderoso, la vida de los seres en aquel trozo de mármol de carrara.

En los negros ojos del artista, que iluminan el fondo pálido del rostro, reverbera el fuego de la inspiración; sobre su apolínea frente se levanta alborotada la melena; de su entreabierta boca sale el aliento fatigoso, como el soplo de una fragua.

Contempla extasiado la estatua, que a los rayos del sol parece vestida con transparente túnica de oro.

Solloza y tiembla y con sus labios encendidos besa aquellos fríos labios de mármol.

—¡Comprendo, oh amada mía —le dice—, que haces esfuerzo doloroso para hablarme; que la sangre cálida de una virgen corre bajo tu tez de lirio; que la maldición de un genio infernal te petrificó con esa apostura de diosa; lo comprendo...! Y te adoro con ese amor ardiente y puro con que adora a su Dios el musulmán.

Nuevo Pigmaleón, exclama arrebatado:

—¡Gran Dios, anima por un momento, por el tiempo que basta para un beso, a este mármol adorado! ¡Quiero que sus labios palpiten estremecidos al contacto de mis labios! ¡Quiero dejar la vida en este beso de amor, Dios mío!

Aquel sueño, nunca realizado; aquel dolor que mata a quien lo lleva, es el dolor sin nombre y el eterno sueño de todos los artistas de la tierra.

LA ÚLTIMA PÁGINA

Fue un noble espíritu.

Como a todos los buenos y a los grandes de la tierra, se le hizo apurar hasta el fondo la copa en que destilaron su veneno los humanos odios y estulticias.

Vencido, llevando inmensa desolación en el alma, cortó el cable que le ataba a sus dolores y con un cántico de amor en los labios, se internó en las sombras de ultratumba.

Al final de su libro inédito, impregnado del perfume de las nativas selvas y del azul del cielo de la patria, leí lo que literalmente copio:

"Soy casi una sombra que escribe la página postrera de su vida: debo la verdad a quien me lea, pues las mentiras convencionales nunca estarán de moda en el país de los muertos.

Mi corazón ha sido manantial inextinguible de nobles sentimientos.

Mis versos, como lluvia primaveral, hicieron florecer las rosas de los sueños en los infortunados de la vida.

Como pedernal herido, de mis grandes dolores hice brotar luz, que fue vida y consuelo para los dolores ajenos.

He envejecido precozmente; la fiebre del pensamiento ha consumido mi ser en plena primavera; nuevo Prometeo, me siento encadenado al desengaño por haber arrancado a las sombras inmensa cantidad de la luz que guardan en su seno; ensangrentado y maltrecho, he ascendido a las alturas en donde la Ciencia, como el sol, quema e ilumina; he bajado a los abismos en donde la duda desgarra el corazón, la fe vacila y surge al fin, del cadáver de la Esfinge, la solución clarividente del misterio.

Creí que bebiendo en las sagradas linfas de la Verdad, encontraría un poco de esa felicidad que acaso paladean los humildes de la tierra... ¡Error profundo! la verdad científica, como el aliento del huracán en la florida selva, arranca las más bellas ilusiones de la vida.

¡Felices los que creen!

¡Felices los que ignoran!

El Hombre del Calvario fué mi maestro.

Aquellos que se llamaron mis amigos, labraron el madero de mi cruz.

Cuando el laurel glorioso orló mi frente, la envidia me envió dardo emponzoñado al corazón; cuando relatando la historia de mis penas, puse sollozos en las cuerdas de mi lira, la estólida carcajada de los imbéciles resonó a la vez.

Monstruo de iniquidad me llamaron mis verdugos y el soberano desprecio con que contesté a sus sátiras infames, sopló en la ola amarga y nauseabunda de su cólera, convirtiéndola en montaña que sobre mí cayó.

En mi agonía revolotean cerca al cadalso los cuervos en que hice derroche del único e inmenso tesoro que poseo, mis afectos: me arrancan a pedazos mi última ilusión.

Todo cuanto he amado ha muerto.

Hasta el consuelo de mis lágrimas perdí: una carcajada en que vibran todos los pesares de los hombres, una carcajada imposible de expresar en todo su simbolismo trágico, ha sustituido la amada fuente de mis lágrimas.

Cuántas veces, entre las sombras y el silencio de la noche ha resonado aquella carcajada de loco, haciendo acaso estremecer allá en su tumba, el polvo de los huesos de mi madre.

¡Ay, si tú vivieras, madre mía, yo no tendría pesares qué contar!

Solo, abrazado a mis recuerdos, extraviado en la noche de mi espíritu, escuchando los ladridos de los canes que husmean en mi senda, he sentido que ascendía a mi garganta la blasfemia: antes de salir rugiente de mis labios, como encendida saeta, se ha convertido en sollozo o en plegaria y semejante a paloma mensajera, ha volado rumbo al trono del buen Dios.

Vencido por mi destino implacable, acepto resignado su victoria; sufro la nostalgia infinita del descanso y, tranquilamente, me voy a dormir en el blando lecho de mi tumba.

Ya es hora... En esta página postrera dejo toda la sangre que brotan mis heridas y cierro este libro de mi amor.

Tal vez manos amigas lo abrirán de nuevo; manos indiferentes o enemigas, tal vez.

¡Qué importa!... Los muertos no sienten las mordeduras de las humanas víboras ni se estremecen de placer por los póstumos aplausos".

Tal decían aquellos renglones negros, salpicados en rojo por la sangre del poeta. Tal decían...

¡POBRES FACULTATIVOS!

I
LOS FACULTATIVOS Y LAS BRUJAS

Leyendo la sección de gacetillas de una de las publicaciones periodísticas que me llegaron por el último correo, me encontré con la siguiente ingrata noticia:

"El doctor Francisco Gómez Henríquez falleció el día de ayer, a las dos p. m.

Fue el extinto un facultativo distinguido, tal vez el más brillante de los maestros de la actual generación médica.

Las clases desheredadas pierden un filántropo que, bondadosamente, les hacía la dádiva de sus oportunas indicaciones científicas, de sus frases profundamente consoladoras y, en frecuentes ocasiones, de su dinero.

Su numerosa familia lo pierde todo: heredera de un nombre bendecido y admirado, también hereda, desgraciadamente, la miseria.

Las lágrimas sinceras de los pobres y el recuerdo cariñoso de los ricos, constituyen el bello tributo consagrado a la memoria venerada de aquel sabio y apóstol".

Fui discípulo y amigo del eminente doctor Gómez Henríquez y, con este motivo, conocí a fondo algunos episodios de su vida profesional.

La lectura de la gacetilla mencionada me sugirió la idea de relatarlos, sin desfigurar en manera alguna el sabor local y realidad de los hechos en beneficio de la elegancia de la dicción: al hacerlo no pretendo decir algo nuevo, pues son harto comunes en el ejercicio diario de la profesión del médico y cirujano y, mucho menos, salado, pues no es éste sino el intensamente amargo, el sabor de las bebidas que a diario ofrecen algunos clientes a los facultativos de verdad.

Asistía el doctor Gómez Henríquez a una parturiente.

En el cuarto vecino a la alcoba se celebraba consejo de familia, presidido por la partera. La opinión ilustrada de ésta constituía, naturalmente, voto decisivo en las determinaciones del consejo.

Erase la tal partera una anciana que frisaba en los ochenta; aunque ella juraba, por las cenizas de su difunto marido, que apenas contaba medio siglo. Lo que sí se podía jurar sin temor de incurrir en las penas del falso testimonio, era que medio siglo tenía, precisamente, cuando el peine dejó de pasar por su cabello enmarañado; que mucho antes de esto, cuando un chusco le dijo que era hermosa, tomó el último de sus baños, y que sus uñas, muy negras y muy largas, sólo podían compararse a las garras con que pintan al demonio en las estampas religiosas que tanto miedo inspiran a los niños. No sabía leer ni escribir, (lo que era innecesario para que la bruja aquella ejerciera la profesión de comadrona y matara unas cuantas parturientes); en cambio, sabía murmurar del prójimo, andar en líos y chismes que amargaban la vida a todo hijo de vecino, y confesar siete u ocho veces por semana.

La segunda jefe era la suegra de Tomás (el marido de la parturienta). Era aquella señora, como muchas suegras.

Le seguía, en orden jerárquico, el suegro, un buen señor, obeso y colorado, como una fresa. A la sazón dormía con las manos sobre su abultado abdomen, roncando estruendosamente en cómodo sillón.

Como miembros secundarios, pero cercanos al matrimonio y por consiguiente con voz y voto en las decisiones del consejo, figuraba un ejército de tíos, primos, cuñados, comadres, ¡hermanos de leche...! la mar.

—Es necesario, es indispensable, absolutamente indispensable —prorrumpió la suegra, con voz tonante—, que este doctorcito nos explique claramente lo que pretende hacer con la Felicitas, pues los médicos ¡pobrecitos! no entienden de estas cosas y solo a este penco de Tomás pudo ocurrírsele llamar a ese pobre hombre. Allí tiene hirviendo unas tenazas (forcep de obstetricia), unas cuchillas y otros fierros que no pueden servir sino para despachar al otro barrio a los tontos que se confíen de estos doctores. ¿No le parece a usted, Teodora (así llamaba la partera) que antes de que este mediquillo mate a mi hija, nos explique claramente, sin jerigonzas ni latines, cómo lo va hacer?

—Miren ustedes —contestó la interpelada, apagando el puro que fumaba y colocándolo sobre una de sus orejas—; miren ustedes —todos los presentes se convirtieron en ojos y en oídos—, yo, así como me ven, con estas carnes, tuve veintidós hijos, que viven, gracias a Dios, sanos y robustos: uno es general, diez y nueve coroneles; el otro, bendito sea mi Dios, es cura, es mi Gregorio; la otra es una hembrita que vive conmigo. A todos los crie como lo manda la Santa Iglesia. Y ahora, me contestarán ustedes, con toda franqueza, con absoluta franqueza, ¿este doctor ha dado a luz un sólo hijo? ¿Ha sufrido, una vez siquiera, los dolores del parto?... Ni una sola vez, ¿verdad? Pues entonces, ¿cómo puede saber tanto como yo, que los he sufrido veintidós veces?

—¡Imposible que exista algún médico que sepa de estas cosas tanto como ña Teodora, que tiene tan larga práctica en estos asuntos! —exclamaron profundamente convencidos todos los miembros del concejo: frente a aquel argumento todo asomo de duda era imposible.

—En fin —continuó la partera—, Tomás, el ingrato y tonto, requetonto, lo ha preferido a mí y.... yo no respondo de la vida de la Felicitas.

—Ya lo oyen ustedes; ¡ña Teodora no responde de la vida de mi hija! —sollozó la suegra.

Después de lo dicho por la partera, todos, como era muy natural, estuvieron perfectamente acordes en evitar que el doctor Gómez Henríquez prestara sus servicios profesionales a la parturiente, previniendo enérgicamente a ese facultativo que su intervención en aquel caso debía reducirse a servir de ayudante a la partera, cumpliendo rigurosamente con todo lo que ésta le ordenara.

Haciendo honor a la verdad diremos que todos, menos ña Teodora, recomendaron a la suegra, que era la diplomática con faldas, comisionada para transmitir al doctor la resolución del concejo, que lo hiciera en la forma más suave posible; que usara de indirectas, porque al fin y al cabo, decían, aquel pobre hombre era muy ignorante, pero humilde... ¡y les causaba lástima!

Veamos con qué suavidad, con qué dulzura, con cuánta terneza procedió aquella señora.

—Doctor —le dijo—, voy a dirigirle una indirecta en la forma más suave posible... ¡Nosotros no tenemos confianza en su ciencia de usted; pero podemos permitirle que ayude a ña Teodora, si usted se compromete, formalmente, a cumplir con todas las indicaciones que ella le haga!

Gómez Henríquez, a punto de congestionarse de indignación, salió de aquella casa.

Ocho días después moría la parturiente, a consecuencia de una infección (septicemia), que las uñas enlutadas de la partera produjeron en la pobre Felícitas. ¡Extraño habría sido que no hubiera muerto al contacto de aquella bruja, muy parecida a sus cofrades de Mácbeth!

—¿De qué murió su hija? —preguntó a la madre de aquella víctima de la ignorancia—, un visitante que llegó a dar el pésame.

—Mire usted— contestó la interpelada—: ¡El doctor Gómez Henríquez la mató! Le explicaré: aquel hombre trajo unas tenazas y otros fierros que causaron tal susto a mi hija, que se le desarrolló un empacho... ¡Aquel hombre la mató!

¡Pobres facultativos! —pensamos nosotros.

II
LOS FACULTATIVOS Y LOS AFICIONADOS

Una hermana del doctor Gómez Henríquez sufría terrible neuralgia.

Se hizo llegar de la farmacia próxima algo para uso hipodérmico, a efecto de aliviar aquel dolor.

Mientras el doctor verificaba la desinfección consiguiente, oía, como quien oye llover, las múltiples observaciones que, con serenidad pasmosa, lo hacían las numerosas amigas de su hermana respecto al tratamiento que debía emplear en este caso: fomentos, fricciones, cataplasmas, agua de Florida, "té de naranjo", etc., etc.; de todo hubo en aquella balumba de opiniones que las amigas de la enferma creyeron oportuno indicar al facultativo.

Un caballero, allí presente, se aventuró a insinuar con delicadeza, a aquellas damas, que las indicaciones hechas por los profanos a los profesionales respecto a la conducta científica que deben observar en su práctica, revelan falta de cultura e ignorancia.

—¿Qué dice usted? —le contestaron—. Los médicos, ¡pobrecitos! nada saben de estas cosas.

Se preparaba el doctor a aplicar la inyección cuando una de las presentes le dijo, asiéndolo fuertemente por un brazo:

—¡Un momento, doctor! Antes de hacer esa operancioncilla desearía que me dijera cómo introduce usted la aguja, si oblicua o verticalmente, pues el doctor Pérez, médico de mi familia, lo hace así —le hizo entonces ademán de tomar la jeringa que el doctor tenía en la mano—.

—Bien, veo que usted no quiere aceptar mis consejos. Deseaba prestarle un buen servicio; pero, en fin, es su hermana de usted y usted mismo quienes sufrirán las consecuencias de esa terquedad.

Al fin pudo el facultativo aplicar la inyección. La enferma, neurópata por los cuatro costados, lanzó un grito agudo.

—¡Bárbaro; no introdujo la aguja como el doctor Pérez! —,exclamó la amiga aquella.

—Tiene razón esta señorita; ¡este médico es un bárbaro! —pensaron todos los presentes, menos uno, el caballero mencionado, que sonrió de lástima en presencia de tanta ignorancia e incultura.

¡Pobres Facultativos!

III
LOS FACULTATIVOS Y LOS CURANDEROS

Se trataba en esta ocasión (será la última con cuyo relato fastidiaremos al lector), de un niño que había enfermedad o de fiebre tifoidea y había sido entregado a la asistencia de un curandero, más sabio que Hipócrates según la opinión, no sólo de las comadres del barrio, sino de personas que se dicen ilustradas.

Pretender convencer a ciertas gentes de que, quien no han hecho estudios profundos en Universidades, laboratorios y hospitales, todo puede ser, menos médico y cirujano, aunque haya leído durante un siglo todos los tratados existentes y relativos a esa ciencia; pretender convencerlos de esto sería tan difícil como levantar una estatua sin pedestal o un edificio sin cimientos y equivale a correr el riesgo de que, a quien tan estéril tarea emprenda se le llame envidioso de la gloria de los que nacieron para médicos, pues aún hay por allí gentes que creen que se nace para ingeniero, para abogado, para agrónomo, etc., etc.

Se trataba de un niño enfermo de fiebre tifoidea, decíamos. El padre del enfermito rogó al doctor Gómez Henríquez para que se sirviera pasar a examinar al enfermo y, de acuerdo con el médico de cabecera, indicaran lo que debía hacerse.

Después de que el Doctor examinó al enfermito, pasó con su compañero a la habitación vecina.

—¿Su opinión, amigo? —le dijo el curandero, con tono fisgón que extrañó al doctor y le hizo sospechar que aquel individuo podía no ser su colega.

—Mi querido doctor —contestó Gómez Henríquez, haciendo uso de su habitual y exquisita cortesía—: entiendo que se trata de un caso de fiebre tifoidea, en el segundo septenario, salvo la mejor opinión de usted; pienso que el pronóstico debe ser reservado y, respecto al tratamiento debemos, entre otras muchas indicaciones, hacerle tomar baños como sedantes y para combatir la fiebre.

—¡Baños; con calentura! —le interrumpió escandalizado el curandero—. ¿Está usted loco? No le parece que los confortes de pichón y pan con aguardiente aplicados en los puños y el estómago, le fortificarán; que debe evitar las bebidas y comidas heladas, como leche, carne, yuca, etc.; las que hacen derramar la bilis como los camotes y, ¿cómo este muchacho tiene la sangre espesa debe tomar frescos de chan y sudores de flores de carao para raleársela? ¿No le parece esto mejor que todos sus venenos de botica? Cómo puede haber algo de hechizo creo que sería bueno aplicarle un sahumerio de azufre y pólvora debajo de la cama...Ya ve usted, que sin necesidad de salir de mi pueblo para estudiar en letras de molde y recetas en latines, sé más que usted.

Bajo aquella montaña de disparates que tuvo la paciencia de soportar el Doctor, no quedaba más recurso que salir, casi huyendo, de aquella casa.

—Más vale que este doctorcito no asista al niño, oyó decir cuando salía, a una vieja que tomaba el sol en la acera de la casa; el médico naturalista sabe de enfermedades de niños; pero, estos mediquillos, ¿qué pueden saber de eso?

—¡Era la abuela del enfermito!

Hace quince años que ocurrió lo que he referido.

El doctor Gómez Henríquez, médico eminente que alivió muchas dolencias y curó muchísimas más, muere dejando en la miseria a su familia. El curandero de marras es rico hacendado, coronel del ejército, diputado al congreso nacional y aspirante a la presidencia de la república, etc., etc., debido todo esto al dinero de las personas a quienes la mala fe e ignorancia de aquel llevaron, prematuramente, al cementerio.

¡Pobres Facultativos!

HITLER HA COLMADO LA MEDIDA

Las hordas totalitarias han entrado en ciudades indefensas, saqueando las cajas repletas de caudales de sus bancos y los tesoros del arte y de la ciencia de sus templos; han manchado la tradición gloriosa de los pueblos, forjando con la carne de estos, miserables traidores como Quisling y Laval; han asesinado, haciendo alarde de fuerza y villanía, ancianos, mujeres y niños; en pocas palabras, han dejado a su paso huellas lúgubres y eternas, hondamente marcadas con miseria, con sangre y con la muerte.

Hitler no está todavía satisfecho de su obra: una información cablegráfica, procedente de Nueva York, nos dice, con laconismo escueto y diabólico, "que ha ordenado el exterminio de los hijos de Israel que aún respiran en los países ocupados", pues millones de aquellos han caído bajo el puñal, el proyectil o el veneno de los nazis.

Se diría que el contenido de semejante cablegrama es acaso una pesadilla de un pobre cerebro torturado por el alcohol o por la fiebre; algo pavorosamente irreal, nunca imaginado por los Césares Romanos en los días de la decadencia del Imperio.

¡Es tan inaudito esto!

Y sin embargo... ¡es cierto! Si Adolfo Hitler y su jauría rabiosa y formidable no existieran, semejante infamia sería imposible; pero este vocablo, aplicado al mal, ¡no tiene significado alguno en el léxico de los bárbaros modernos! Mientras ellos estén de pie, no tenemos derecho a dudar de ningún crimen. Y el exterminio del pueblo israelita, tal como reza en la información de referencia, si se realiza, sería el más espantoso de todos los siglos.

No nos preguntamos el derecho ni siquiera el motivo de aquella orden, pues esa interrogación sería absurda. La causa efectiva, que recogerá la historia, la encontramos en el fanatismo de un pueblo convertido en un puñado de legiones motorizadas al servicio de un miserable, que sufre vesánico delirio destructivo.

En este minuto se escucha el clamor del pueblo de Israel por los cuatro rumbos del globo. La voz inspirada de sus profetas vibra con dolor en aquel acento; Jeremías y Ezequiel, el llanto y la imprecación se estremecen en sus notas.

Y la protesta encendida de los pueblos, en todos los sectores del planeta, prueba que aquellos perseguidos no han clamado en el desierto.

El pueblo de Einstein, de Stefan Zweig, de Tomás Mann y de otros muchos hombres ilustres de esta época no puede desaparecer por el capricho de un loco. El pueblo de Aquel que dio la esperanza a los caídos en la miel de sus parábolas y enseñó a los traficantes el deber con un látigo de llamas; de Aquél que predicó la paz y la concordia entre los hombres e iluminó al mundo en la noche de su tiempo y para el decurso de todas las edades, con los nobles principios por cuya reivindicación combaten ahora las democracias, no puede morir.

Silenciarse frente a semejante noticia cablegráfica, es imposible.

Sentir indiferencia frente a esa infamia, equivaldría a una complicidad siniestra.

ALEMANIA...

Tierra de sabios y de artistas; de poetas y de filósofos.

Eres grande con grandeza muy gloriosa.

Y eres bella con belleza deslumbrante.

Los nombres de Kant y Koch honran al mundo.

Goethe llena con su nombre muchos siglos.

Wagner y Beethoven vierten chorros de armonía al través de las edades.

Florece en tus bosques la leyenda y en la lira de tus poetas el milagro.

El Danubio azul y el Rin verde riegan tus campiñas.

Tienen tus mujeres el lirio de los campos en la tez y el oro del trigal en los cabellos.

Tus capitanes, cuyas legiones hicieron temblar al mundo en sus cimientos, son pequeños; tus pensadores son inmortales.

Si te borrara del mapa un cataclismo, la humanidad quedaría incompleta: cojearía su cuerpo y vacilaría su alma.

Pero no puedes desaparecer... porque eres eterna.

CON MOTIVO DE COMENTARIOS PÚBLICOS EN EL DIARIO OFICIAL

Si ignorara que no fue el afecto a mi humilde persona el que guio la pluma de quien, creyendo que ha puesto una pica en Flandes, me hace el cargo de que fui Secretario de Estado en la Administración que aprobó el Empréstito Paredes—Knox y solicitó la intervención del gobierno de Estados Unidos de América para solucionar dificultades interiores, debería comenzar por hacerle presente mi profunda gratitud: sin andar a caza de semejante oportunidad para decir a los cuatro vientos cuál fue mi conducta cuando de suscribir el Empréstito se trató, me la ofrece gratuitamente mi censor, y no puedo menos que aceptarla.

No debo pasar adelante sin rectificar grave equivocación en que incurre el Editorial del Nuevo Tiempo, al censurar conjuntamente con la mía, la conducta del señor doctor Argueta, por los motivos antes expresados: el señor doctor don Ernesto Argueta, —quien, dicho sea de paso, es uno de los jóvenes más distinguidos de Honduras—, no fué colaborador en el gobierno del señor General Dávila; más todavía, después de la Constituyente de 1908, en que figuró en las filas de oposición al Ejecutivo, se mantuvo alejado de toda relación oficial, y, refiriéndose al Empréstito con la casa Americana de P. Morgan, me expresó francamente, en distintas ocasiones, que «aunque desconocía de manera cierta las bases del Empréstito, como ciudadano hondureño rechazaba una negociación que sabía era impuesta por el Gobierno de Norte América, en condiciones onerosas para el país».

Explicaré mi conducta con motivo de lo ocurrido en la ocasión de que vengo hablando, relatando sencillamente la verdad.

Fue en las postrimerías de la Administración que presidió el señor General Dávila, cuando éste excitó a los Secretarios de Estado para una conferencia en que debía darse solución al Empréstito Morgan, cuya solución, a pesar de los esfuerzos inauditos del Señor Presidente para eludirlo, era imposible retardar más. Él nos explicó la difícil situación política por que atravesaba el país bajo la presión desesperante del gobierno de los Estados Unidos de Norte América, que exigía la suscripción inmediata de los convenios financiero y político; nos manifestó, mostrándonos al efecto un cablegrama del señor doctor Lazo Arriaga, representante diplomático del gobierno de Honduras en Washington, la urgencia de firmar aquella negociación para evitar la guerra civil, cuya inminente amenaza no tardaría en convertirse en realidad, concluyendo por decirnos francamente, que en vista de la imposición del Gobierno de Norte América, creía fatal la aprobación de los Convenios; que verificando esto último se impediría la guerra intestina, juzgando en consecuencia altamente patriótica la aprobación inmediata del Empréstito y Convención correlativa, para evitar una por lo menos de las dos calamidades que amenazaban al país.

En contestación manifesté al señor Presidente, que: mi opinión era absolutamente adversa a la suscripción de los convenios de que se servía hablarnos; que si era necesario que yo suscribiera, como miembro del Gabinete, la aprobación de los documentos oficiales mencionados, no lo haría, y que en el caso, que yo consideraba funesto, de que la negociación se realizara, me retiraría de la Secretaría de Estado.

El señor Presidente se sirvió excitarme para que esperáramos al señor Paredes, enviado extraordinario y Ministro Plenipotenciario de Honduras en Washington, quien traería los documentos de referencia, que discutiríamos, adoptando yo en esa oportunidad la determinación que juzgara más conveniente.

Los acontecimientos se precipitaron: la guerra civil empezó, tomando bien pronto proporciones alarmantes.

Entonces se firmó el Empréstito y la Convención.

Solicitó el Ejecutivo la intervención amistosa del Gobierno de Norte América para solucionar, de la manera menos mala posible, nuestras dificultades interiores.

Mi desacuerdo por diferencia de criterio respecto a lo anterior, imponía, aparentemente, mi retiro del cargo que desempeñaba.

No lo hice, y cumple a mi deber explicar en público el motivo de mi conducta.

Retirarme en aquella hora de naufragio (habían sido tomados dos puertos y varias plazas, estando amenazadas las restantes) de la colaboración que prestaba en la administración Dávila, para la que había sido nombrado en días de absoluta tranquilidad, era para mí lo más conveniente, pero no lo más noble. Retirándome eludía los cargos que ahora me hacen y la amenaza de peligros que el tiempo se ha encargado de probarme que no era vana amenaza; retirándome ganaba indulgencia con la nueva situación, como más de alguno de los colaboradores de aquella época han ganado.

Opté por permanecer en mi puesto hasta el día en que se hizo la trasmisión de la Presidencia en el señor doctor Bertrand, siendo yo el único Secretario de Estado que acompañó al doctor Dávila en aquella ocasión.

Creí ser así leal al Jefe del Ejecutivo, con quien había colaborado, como había sido leal a mi Patria, negando enérgicamente mi asentimiento a la aprobación de las negociaciones de Empréstito y Convención anexa.

Un grado de elevación al Polo baraja la Jurisprudencia, dijo Pascal.

Los cambios de posición política no hacen cambiar nuestro criterio personal, decimos nosotros.

Al dar al público esta explicación ocasional y obligada, no pretendo en manera alguna hacer alarde de mi conducta en aquella ocasión, pues no creo haber hecho más que cumplir con mi deber.

De una vez por todas contestó a los comentarios publicados en el Diario Oficial, prometiéndome no decir una palabra más sobre el particular, pues la verdad de lo expuesto basta a mi conciencia honrada.

DISCURSO PRONUNCIADO EN CONMEMORACIÓN DEL CENTENARIO DE MÉXICO

(EN REPRESENTACIÓN DEL GOBIERNO DE HONDURAS).

Excelentísimo Señor Ministro:

Se celebra en vuestra patria el centenario gloriosa independencia; se recuerda, con legítimo entusiasmo, aquella inmortal epopeya, en que las águilas del Anáhuac, acostumbradas a volar sobre las nubes, mirando de cerca y frente a frente el disco rojo y encendido del sol, cortaron las ataduras que por tres siglos puso a sus alas el colonizador victorioso; los ancianos cuentan a sus nietos cómo surgió de aquella tempestad de sangre, de lágrimas, de heroicidades sublimes, de santos sacrificios, una patria redimida; las madres levantan en brazos a sus niños, les muestran las estatuas de sus héroes y, pálidas, temblorosas, con la actitud legendaria de las mujeres de Esparta, les dicen cómo las cabezas cortadas y expuestas en los cuatro ángulos del Catillo de Granaditas, cabezas fueron que hablaron al pueblo mexicano, con acento que salía de la tumba, recordándole que había sonado la hora de redención y era necesario ser libres o morir. Así, con este entusiasmo ardiente, es fama que se celebra en vuestra patria hermosa, el aniversario glorioso de su gloriosa independencia.

El Gobierno de Honduras, en cuyo nombre me hago la honra de hablaros, se asocia, por efecto y por deber, a la celebración del Centenario de la independencia de los Estados Unidos Mexicanos.

Comunidad de origen, de intereses y de aspiraciones; comunidad de antecedentes históricos, lazos son que unen al pueblo mexicano con el pueblo hondureño. En los bancos de la escuela hemos aprendido a pronunciar, con admiración y profunda simpatía, los nombres de Cuauhtémoc, Hidalgo, Morelos, Aldama, Guerrero, Allende, Bravo, Rayón, Ayala, Matamoros, Victoria, Ascencia, Villagrán, Juárez, el gran Benito Juárez, y de otros muchos del ejército inmortal, que el patriotismo encarnó en bronce y mármol; cuyos hechos relata la historia en sus páginas de luz y cantan los poetas en soberbios himnos; de los labios del maestro hemos aprendido que vuestra historia tiene muchos puntos de contacto con nuestra historia; que nuestra independencia fue consecuencia de la independencia mexicana, y que, en un tiempo nos cobijó el mismo pabellón, estando representada Centro América, en el Gobierno de Iturbide, por José Cecilio del Valle, hondureño ilustre a quien no desdeñaron dar el título de amigo algunas celebridades de Europa.

El pueblo mexicano y el de Centro América son pueblos hermanos; tienen el mismo origen; asociados caminaron los años primeros de su infancia, separándose después, siguiendo el heroico pueblo azteca un camino, si no tapizado de rosas, sí alejado de abismos insondables; tomando el pueblo, también heroico y grande, de Centro América, el pueblo de Morazán y de Cabañas, de Valle y de Barrundia, de Máximo Jerez y de Gerardo Barrios, de Juanito Mora y Juan Santa María, un camino incierto en cuyas encrucijadas se perdió: el pueblo mexicano ha subido muy alto; rieles ferroviarios cruzan su territorio, llevando aquí y allá torrentes de vida intelectual y económica; la ciencia produce allá, con fecundidad pasmosa; el arte, con su inspiración sublime, arranca blancos trozos de mármol a las ubérrimas canteras y su cincel prodigioso eterniza en ellos el recuerdo de los mártires; toma el pincel, que semeja una haz de rayos e inmortaliza el lienzo, haciendo surgir de su fondo inmaculado la cabeza soñadora de las vírgenes; toma un puñado de notas dispersas, las combina y las desgrana en un himno gigante que torna invencibles los ejércitos: entre tanto, sobre nuestro idolatrado pueblo de Centro— América han soplado vientos de desolación, convirtiéndolo en andrajos.

Estas amargas consideraciones, aquellos gratísimos recuerdos, muchas esperanzas consoladoras y recientes manifestaciones de fraternidad dispensadas al Gobierno de Honduras por vuestro Gobierno y pueblo, hacen más fuerte la corriente de franca simpatía que los une desde antaño.

El Gobierno de Honduras hace votos muy sinceros porque perduren aquellos vínculos de amistad, vigorizándose más todos los días; por la prosperidad de vuestro gran pueblo; por el bienestar personal de vuestro ilustre Gobernante, señor General Díaz; el Gobierno de Honduras también hace los mejores votos por vuestro bienestar personal, Excelentísimo señor Ministro y el de vuestra dignísima familia. He dicho,

DISCURSO EN EL LXXXIX ANIVERSARIO DE LA INDEPENDENCIA NACIONAL

(En el Salón de Sesiones del Cabildo Municipal de Comayagüela, y en Representación del Ayuntamiento de aquella Ciudad)

Señores:

Represento en este instante a la Honorable Corporación Municipal de Comayagüela.

He aceptado, poseído de gratitud, tan honrosa distinción.

Siento que la pequeñez de mis méritos no satisfará las aspiraciones de mi representada, ni mis propias aspiraciones. Señores:

Con el entusiasmo más puro celebramos el aniversario de la Independencia: vistosos gallardetes, alegres cortinajes, cañones que retumban, oradores que pronuncian brindis y discursos, todo nos dice que la Patria está de fiesta.

Si reflexionamos un momento sobre estas festividades públicas y traemos a cuenta nuestros diarios desaciertos, comprenderemos que aquéllas son apenas llamaradas infecundas en medio de las tinieblas de las noches árticas; comprenderemos que no es así cómo se salvan los pueblos, que no es así cómo se salva la Patria.

¿Sabemos amarla? No lo sabemos porque no la hemos perdido. La nostalgia infinita que mata al esquimal arrancado a sus hielos; que consume al esclavo arrancado al sol de oro de sus trópicos; el delirio febricitante que posee al árabe, cuando, prisionero sueña con el aliento abrasador de sus desiertos, con sus pirámides y esfinges, con sus esforzadas caravanas y pacientes dromedarios... esto y mucho más constituye el santo amor a la patria que se pierde: el patriotismo sólo se siente y se comprende cuando la patria es un sepulcro.

Quisiera pintaros con rasgos de fuego el luto que se lleva por la patria: no lo he llevado, pero he sentido latir muy cerca al mío, el corazón de más de un extranjero que arrastra por nuestras tierras su infinita pesadumbre de proscrito.

Extrañas huestes se calientan con los cálidos besos del sol patrio y se comen el pan de nuestros hijos; demuelen nuestros cementerios y avientan al espacio las cenizas más caras que la vida, las sagradas cenizas de nuestros padres... ¡Eso y algo más constituye la pérdida de la patria!

Sentirse extranjero en la tierra de nuestros mayores; contemplar nuestras vírgenes selvas taladas por el hacha de un conquistador menguado; ir por las calles del amado pueblo en que nacimos, mirando derruido el viejo campanario cuyas campanas tocaron a muerte el día en que se fui nuestra santa madre camino del sepulcro, para no regresar jamás; encontrar el hogar de nuestros abuelos, en donde pasó nuestra infancia y en el que cada objeto es un recuerdo y cada recuerdo un jirón del alma, convertido en dorado alcázar, en el que sus moradores ríen de las desgracias del pueblo conquistado, mientras beben en finas copas de cristal bohemio, rubio champaña que espumea; alejarnos de allí, amenazados por el látigo chirreante de insolente lacayo, con los ojos preñados de lágrimas, entreabiertos los labios para dar paso a maldiciones candentes, despedazado el corazón... eso y mucho más, significa la pérdida de la patria.

Y nuestra Patria es bella y tentadora como una hurí del Profeta; le rinden culto dos océanos, cuyas olas se acercan rumorosas, con la perezosa languidez de odaliscas orientales; sus bosques de aliento perfumado susurran con el acento melodioso de la flauta de Pan; son sus arroyos cintas de plata y tienen sus ríos la voz de los huracanes.

Así es nuestra patria hermosa; este pedazo de la antigua y verdadera patria, de cuyas montañas surgieron, entre relámpagos de gloria, Morazán y Cabañas; José Cecilio del Valle y Trinidad Reyes; así es nuestra Patria hermosa...

Señores:

Unámonos en santo esfuerzo por la paz, por la libertad, por el progreso y esperemos tranquilamente el porvenir.

No obstante, si hay algún pueblo pirata que nos juzgue dignos de ser conquistados y los ejércitos de ese pueblo osan poner su planta temeraria en el patrio suelo, que encuentren, tras cada piedra del camino, tras cada árbol de la senda, tras el púlpito, tras la cátedra, tras el taller, ¡un hombre dispuesto a morir. . . ¡matando a los que nos juzgan una horda de salvajes!

Así, sobre una hecatombe, sobre un cementerio en donde duerman para siempre, confundidos nacionales y extranjeros; solamente así se izará triunfante el pabellón de la conquista. He dicho.

DISCURSO DEL 15 DE SEPTIEMBRE DE 1909

(EN REPRESENTACIÓN DEL PODER EJECUTIVO).

Señores:

El Poder Ejecutivo me ha confiado la misión de dirigiros la palabra en este acto.

Señores: bajo la techumbre del cielo de la patria se levanta y se dilata, en ondas tumultuosas, un dulce clamoreo de entusiasmo y gratitud; el corazón del labrador cuya pajiza cabaña dora el sol y el corazón del poderoso cuya mansión señorial dora el arte, palpitan al unísono; en todas partes nuestra imaginación caldeada por el recuerdo de grandes días siente vivir el espíritu de la legión gloriosa que caminó la jornada cuyo aniversario celebramos hoy.

A decir verdad, no se puede escribir con fuego la página sagrada de la historia que relata nuestra Independencia: no fue en Centro América en donde Ricaurte puso el pie sobre una nube encendida y ascendió a los cielos convertido en inmortal; no fue en Centro América en donde un cura humilde y grande dejó su lecho, a media noche, estremecido de entusiasmo, y corriendo al viejo campanario de su aldea congregó con una lluvia de vibrantes notas, la legión dispersa de las águilas del Anáhuac: nuestra Independencia pasa por el libro de la historia, no como el cóndor que deja la sangrienta huella de sus garras sobre los cristales vírgenes de las nieves eternas que coronan las crestas de los Andes; pasa rozando nuestra frente con el ala blanca de mística paloma: frente a aquel recuerdo no nos parece oír soberbias clarinadas de victoria levantadas sobre escombros, nos parece escuchar el acento uncioso de los apóstoles del derecho pulverizando un régimen que soñaba ser divino.

Pero la ausencia del huracán revolucionario, la ausencia de arrebatos tempestuosos, ¿menguará un punto la magnitud espiritual de nuestra Independencia? En manera alguna.

Si el triunfo conquistado con holocaustos a la libertad es sublime, grande es el triunfo que se conquista sin la ola de fuego que levanta, sobre las ruinas del pasado, monumentos al porvenir.

Nuestros hombres del veintiuno escucharon el acento desgarrador de un pueblo que sufría y comprendieron que era indispensable un sacudimiento nacional que cortara de una vez las ataduras puestas a nuestros derechos; hicieron más, hicieron la Independencia sin aislar la corriente de simpatía que nos ligaba, que nos liga, que nos ligará siempre a España.

Perdonadme, señores, que no me arrodille al pronunciar el nombre de la madre patria,

España, esa tierra clásica del heroísmo y de la gloria, que puede ostentar con ufanía páginas como Bailen, como Lepanto y Zaragoza; pueblo que sintiendo un día hollado el patrio suelo por la planta de los tercios invencibles de Napoleón el Grande se revuelve airado y, cadáver animado por el fuego santo del más santo patriotismo, prueba una vez más que allí donde se combate por la independencia, la tierra produce hombres, los hombres se convierten en soldados y los soldados en héroes; España, que nos legó un divino idioma, hecho según la expresión de Carlos V, para hablar con Dios; España, con su Alhambra, con su Giralda, con su Generalife, con su mezquita de Córdova; con sus grandes recuerdos de tiempos caballerescos, con sus gloriosísimos recuerdos de tiempos heroicos; que ha sabido ser grande hasta en sus caídas, será siempre bien amada por los hijos de esta América, que llevan en sus venas algunas gotas de sangre del viejo solar castellano.

Pasó el 15 de septiembre del veintiuno; ya no había Capitanes Generales; ya no había doradas libreas, ni escudos nobiliarios; ya el indio, nuestro abuelo, era hombre; ya el hombre se regía por leyes que no hacían odiosas distinciones; ya éramos independientes y podíamos marchar.

¿Qué hicimos? ¿Qué hemos hecho?

Celebramos la independencia de Centro América, cuando Centro América no existe: la Antigua Patria es apenas un recuerdo, que llega hasta nosotros, susurrando tristemente como brisa que solloza entre los sauces de las tumbas.

A la vez que enarbolamos nuestro pabellón nacional en conmemoración de aquella fecha, deberíamos también cobijar con negros crespones las estatuas de nuestros héroes y de nuestros mártires.

Palpita en la conciencia nacional la convicción profunda de que nada hemos hecho para romper la esclavitud moral de nuestra raza; la buena enseñanza aún no ha alumbrado en el seno obscuro de apartados caseríos; cuando otros pueblos marchan eléctricamente, nosotros hemos venido amontonando desaciertos hasta construir una montaña que amenaza hundirnos.

¿Podemos disculparnos?

Para silenciar nuestros remordimientos apelamos a menudo a la filosofía de la historia: todos los pueblos, nos decimos, han sido niños; todos han comenzado cayendo entre las sombras; todos han llorado en sus caídas. Si la filosofía de la historia puede absolver nuestro pasado, nada hay que justifique que a esta hora continuemos extraviando el buen sendero, caminando por el atajo a cuyo fin encontraremos la tumba de la soberanía nacional.

Ya es tiempo de que aprovechemos la enseñanza dolorosa y fecunda que ha mordido nuestras carnes como muerde el martillo el hierro que sale encendido de la fragua; ya es tiempo de que explotemos esa enseñanza, tomando de ella el oro purificado en el crisol del martirio.

El patriotismo ilustrado, el bien entendido patriotismo que no se acoge a los pliegues de una bandería; cuyas aspiraciones son más amplias; cuyas alas no están rotas por los hierros del sectarismo; que no admite la esclavitud moral del individuo y mira muy alto, y su mirada sólo se detiene en el último y lejano confín de Centro América: ese es el único patriotismo capaz de salvarnos del naufragio.

La unión de Centro América: he allí el grande ideal.

¿Cómo llegaremos a esa cima?

¿Será tramontando nuestras lejanas sierras, con el rifle al hombro, llevando a sangre y fuego la enseñanza redentora a países hermanos?

¿Será ahondando de esta suerte las grietas que separan a los pueblos de la antigua patria?

No será así.

La Unión será la consecuencia de una labor de acercamiento, por medios lícitos, con los pueblos del Istmo.

Unamos nuestras fronteras con rieles ferroviarios y anularemos las distancias; fomentemos el intercambio de productos nacionales, y tendremos unificada nuestra vida económica; unifiquemos nuestra enseñanza, nuestra legislación, nuestra moneda y arrojemos a los cuatro vientos grandes ideas por medio de hojas periodísticas y tendremos semilleros de luz que intensificarán nuestro comercio intelectual.

En el interior hay un vacío que urge llenar: nos falta vida económica; no trabajamos, no producimos; nos falta el sentido eminentemente práctico que ha salvado las nacionalidades anglosajonas cuando las amenazaba el desastre. Por allí debemos comenzar.

¿Nuestras deficiencias serán motivo para que nos crucemos de brazos frente a nuestra aspiración de convertir los jirones actuales de Centro América en la patria de nuestros mayores?

Los que tenemos fe en el porvenir; los que creemos todavía en la honradez humana; los que nos sentimos capaces de luchar y de morir por un ideal, no debemos pensarlo así: debemos trabajar a toda hora por la realización de tan hermoso sueño.

En Honduras no tenemos que luchar contra las preocupaciones absurdas que han intentado convertirse en diques a los trabajos unionistas en algunas secciones del Istmo, en donde vive todavía el espíritu de la colonia, arraigado en las clases nobiliarias; nuestro pueblo es liberal por sentimiento; la aristocracia que aquí existe es la que se finca en la voluntad, en el esfuerzo, en el cerebro y sobre todo en el corazón; la de las santas rebeldías, la que ostenta el hijo de la calle que ha subido, desde la pajiza cabaña del labrador hasta las alturas en donde fulge la aristocracia del talento; la de la honradez acrisolada en lucha cruel con la existencia: aquí existe la más pura democracia y el unionismo no tiene que luchar con ridículas y absurdas pretensiones que la nobleza de otros pueblos ha intentado convertir en valla de ideas salvadoras.

Laboremos, pues.

Para terminar, permitidme que evoque el recuerdo del Mártir de la gran causa.

Morazán es símbolo glorioso.

Es sombra augusta consagrada por la cólera impotente de sus detractores.

Esa sombra se levanta de la tumba, exhumada por el clamoreo de los buenos hijos de la patria, que piden santas inspiraciones a su historia.

Morazán necesita un monumento digno de su inmortalidad.

El mármol y el bronce, esa carne de los dioses como los ha llamado alguien, no son materia bastante excelsa para encarnar la figura de quien dobló su radiosa frente en el ara santa de la patria.

La Unión de Centro América: he allí la única encarnación digna del grande hombre.

¡Plegue al buen Dios que ese monumento se levante!

He dicho.

ORACIÓN FÚNEBRE EN LA INHUMACIÓN DEL CADÁVER DEL GENERAL DOMINGO VÁSQUEZ

(Pronunciada en representación del Poder Ejecutivo el 12 de diciembre de 1909).

Señores:

Procuraré cumplir lo menos mal posible, la misión honrosa que me ha confiado el Poder Ejecutivo.

Señores:

No vengo a emitir juicio crítico alguno sobre la vida pública del general Domingo Vásquez; vengo a decir dos palabras frente al féretro sombrío que guarda los restos de un muerto ilustre.

Palpitantes todavía en la conciencia nacional las pasiones políticas candentes que entre nosotros engendra la diferencia de opiniones, con el indefectible cortejo de mutuos agravios y luchas sangrientas, prematuro sería lanzar el juicio inapelable de la historia sore la vida pública de un hombre, en el momento en que desaparece del escenario del mundo.

Diré sencillamente los méritos que entiendo abrillantaron al extinto: si alguna sombra obscureció su historia, no cumple a mi deber reprocharlo en este instante a su recuerdo.

La adulación servil no reza con las tumbas; los espíritus mezquinos queman incienso en las gradas del poder, pero le vuelven la espalda y cambian la frase melodiosa del retórico mercenario por el libelo infame del calumniador vendido, cuando aquel poder se va: frente a los restos de algo grande se puede ser hiperbólico tal vez, pero adulador, jamás.

El general Domingo Vásquez fue militar distinguido; intelectualidad robusta; político siempre desgraciado, pero nunca inepto.

El valor, ese valor sereno que analiza el peligro; que cuenta impasible, uno a uno, los elementos de combate de propios y extraños; que marcha con el paso solemne del Comendador, oyendo cómo bajo sus plantas cruje el puente suspendido sobre el abismo, ese fue el característico distintivo, la nota dominante en aquel hombre de acero.

Un recuerdo histórico, uno sólo para no rememorar larga serie de combates: la Revolución Liberal tronaba en las cercanías de Tegucigalpa; el general Vásquez, entonces presidente de la República, impartía tranquilamente sus órdenes; bajo el huracán de plomo que diezmaba a su ejército visitaba los puestos avanzados de su gente, tomando nota, minuto a minuto, del progreso lento pero seguro y constante del ejército enemigo.

Fue aquélla una defensa heroica. Durante treinta y dos días corrió a torrentes la sangre de defensores y asediantes. Tuvo aquella lucha notas épicas.

Comprendiendo la esterilidad de la defensa, el ejército sitiado abandonó esta plaza, librando dos sangrientas jornadas todavía.

El corto tiempo en que el general Vásquez ejerció la Presidencia de Honduras fue tormentoso: en el interior, la Revolución Liberal soplaba su aliento fecundante por todos los ámbitos del país; las clases directrices y las multitudes analfabetas tomaban fuego en los nuevos principios; el exterior, también era adverso al gobernante hondureño.

El contempló, a alta la frente, en ademán de protesta, con el verbo encendido brotando rugiente de sus labios, la tormenta que amenazaba destrozarlo.

Vencido, se fue lejos de la Patria.

Allá, sus vibrantes energías no tomaron un punto de reposo: observó, estudió, comparó, tornó fecundos quince años en que fue errante por países extranjeros.

Vivió en Estados Unidos de América, allí en donde ninguno se sienta a descansar a orillas del camino: comparó aquella raza con la nuestra e hizo deducciones trascendentales para quienes habitamos estas latitudes.

Estudió en Europa los establecimientos fabriles; la competencia despiadada entre grandes productores y la justa protesta de las clases oprimidas. En Londres observó, perdido entre las nieblas de la vieja Albión, disecándolo fibra a fibra, ese monstruo de iniquidad que ha hecho andrajos nuestro Crédito Nacional: la Deuda Exterior de Honduras.

En Grecia y bajo la concha de nácar de aquel cielo en que los artistas paganos tomaron a torrentes sagrada inspiración, contempló extático los monumentos derruidos, en cuyos trozos —en los trozos de aquel mármol de nieve y rosa—, vive, palpita y se estremece el espíritu inmortal de artistas sin segundo.

En Tierra Santa, esa tierra rica en grandes y dulces recuerdos para los que aún guardamos el tesoro inapreciable de la fe, sintió renacer viejas creencias, largo tiempo olvidadas en un pliegue de su espíritu.

Después de quince años de ausencia regresó a Honduras, harto de crueles desengaños, y convencido de la infecundidad de nuestras contiendas fratricidas, al poner la planta en la nativa tierra pudo exclamar: "Cuando dejé a mi patria mi diestra blandía el acero del combate; regreso y no puedo sino ofrecer el olivo de la paz".

Después de quince años de exilio, infinita nostalgia muerde el corazón del peregrino; comprende que el término de su jornada se aproxima; no quiere morir sufriendo el frío que deben sufrir aquellos a quienes falta el calor del hogar en las prolongadas horas de agonía; no quiere que sus restos descansen a la sombra de extranjeros sauces; quiere dormir con los suyos el sueño de las tumbas, confundir el polvo de sus huesos con el de aquellos seres que le amaron; piensa tal vez que en una tarde serena del estío, el ave que fabricó su nido en el alero rojizo de la casa en que nació, se posará sobre los ángeles llorosos de su túmulo... Ese sueño pasa rozando con sus alas la frente del anciano peregrino y, sin dudarlo un punto, regresa a la Patria y le pide un puñado húmedo de tierra en dónde descansar.

Ahora, aquel hombre fabricado con hierro ha caído... para no levantarse más.

Muere casi septuagenario, pero sus vibrantes energías le acompañaron hasta el borde del sepulcro.

La muerte, que todo lo nivela, a donde los odios no alcanzan, en donde se extinguen las pasiones, de donde los sueños se van, envuelve en los misterios de ultratumba a quien ayer noche emprendió el viaje a ese país del que nunca se regresa.

A cada uno de nosotros, en su oportunidad, le llegará su turno.

¡Entre tanto, duerme tranquilo, muerto ilustre!

¡Descansa en paz, general Vásquez!

He dicho.

DISCURSO PRONUNCIADO EN LA TUMBA DE JUAN RAMÓN MOLINA

(Y EN REPRESENTACIÓN DEL ATENEO DE HONDURAS)

Señores:

Vengo en representación del Ateneo de Honduras, a rendir tributo de admiración y simpatía a la memoria de un poeta.

Y quien duerme en esa tumba fue en verdad poeta excelso.

En la región serena del arte nuestro corazón ha escuchado los acentos de trovadores nacionales con la misma fruición con que nuestros oídos escuchan desgranarse, en la floresta callada, los trinos melodiosos del zorzal.

Sobre ese lírico nidal, muy de tarde en tarde ha levantado el vuelo alguna águila del pensamiento, cerniéndose sobre las cumbres de nuestras montañas, tramontando el horizonte de la patria y perdiéndose en la vaga lejanía de solares extranjeros.

Nuestro ambiente espiritual no es propicio a el arte.

Nuestros hombres ilustres se alejan del terruño y mueren con la frente inclinada por el peso de los laureles y el alma poseída de insondable angustia, bajo un cielo que no es el espléndido cielo de la patria; besados por un sol que no es el sol de oro que los besó en la cuna, comprendiendo en su nostalgia que los rumores del nativo río no cantarán un himno perpetuo a su memoria, ni la errante golondrina que fabricó su nido en el alero de la casa en que nacieron visitará el ciprés solitario de su tumba.

Y esto, que parecerá lirismo quejumbroso a más de alguno, es por desgracia verdad que llora lágrimas y, en ocasiones, verdad que vierte sangre.

No podía ser de otra suerte: en lo que va de siglo hemos vivido matándonos sin piedad; más aún, hemos glorificado nuestras contiendas fratricidas, llamándolas epopeyas; hemos entonado ditirambos a los capitanes victoriosos en nuestras jornadas de exterminio, pretendiendo levantarlos a la cima gloriosa de los héroes.

Sobre los huesos de hondureños caídos a centenares en la abrupta serranía, a manos de hondureños, pueden vagar fuegos fatuos; puede acaso surgir de su tumba la sombra de Abel, pero solamente por excepción puede florecer el arte.

Juan Ramón nació en este medio; en este nido de zarzas ardientes se incubó aquella águila.

No haré un juicio de su obra, comprendida en un volumen por el afecto fraternal de Froylán Turcios, porque no soy crítico, ni es ésta la ocasión para considerarla en tal sentido.

¿Cumplió su misión? Esta es en síntesis la cuestión fundamental.

¿Cuál es la misión del verdadero poeta?

Un libro generado en el alma de un artista, como un ruiseñor en el seno perfumado de un vergel, es algo que seduce siempre, como seduce el nevado trozo de mármol de Carrara en que el cincel encarna la inmortal belleza; como seduce el lienzo en que el pintor condensa el sueño más hermoso de su vida; como seduce el canto que emerge temblando de los labios en flor de la mujer que ama. Y sin embargo, el poeta tiene una misión más alta que cumplir: su labor no es la de la orfebre que borda filigranas, si no la del héroe que redime multitudes.

El Derecho, el Trabajo y la Ciencia son sibilas que soplan inspiración en el alma del poeta.

El Amor, la Gloria, la Fe, lo que vibra como una cuerda siempre sonora en los espíritus delicados, cuando la humanidad indiferente calla en torno del Ideal, constituyen fuente de inspiración para las más nobles liras.

El dolor es fuente sagrada: en ella se abrevan las almas excelsas; al pasar por este crisol las ondas amargas de la vida se trasmutan en las mieles dulcísimas del verso, que hace florecer las rosas del ensueño en el corazón de los vencidos, que infunde aliento a los luchadores que caen en la senda y deposita la víbora del remordimiento en el corazón de los malvados. Y sobre todo esto, sobre la inmensidad del cielo, sobre el fulgor de los astros, sobre todo cuanto existe y llevamos en el fondo de nuestra conciencia, está Dios, a quien sentimos hondamente, acaso sin poderlo comprender: el ave de la selva le dice en su lenguaje dulce y misterioso, su oración sencilla; las olas del océano, como cuerdas que rasguean vientos que llegan de lo infinito, le entonan un himno gigante; las florestas sonoras le glorifican en su música perpetua. También el poeta debe decirle sus dolores grandes, hablarle de sus santos anhelos, enviarle sus fervientes plegarias que llegarán hasta El, llevando las alas húmedas por el llanto de los hombres, llevando en el pico ramas de laurel glorioso, salpicadas con sangre del espíritu.

Cruzado de la libertad; profeta que anuncia bellos días en horas de borrasca; apóstol de una religión sin mancha; juez que condena el crimen que se realiza en las alturas: He allí el poeta.

¿Por qué no ha de cumplir su misión sobre la tierra quien lleva en el alma un soplo de lo infinito?

¿Por qué, si hay sombras que descorrer e injusticias que herir; si la humanidad existe y se vierte su sangre como las ondas de un río, ¿no ha de cumplir su misión de iluminado?

El placer de hacer el bien; de quemar la propia sangre para darla convertida en luz; de derramar la verdad a torrentes, es placer que no se compra con oro, placer inmenso que sólo comprenden las almas superiores.

La del poeta es una de ellas.

Vivimos en épocas de lucha; contemplamos contiendas más feroces todavía que las realizadas por los bárbaros; escuchamos cómo, desde la guerra mundial, cruje y se queja y se derrumba la obra de los siglos. Frente a ese cataclismo humano, asolador como el diluvio, la lira no debe enmudecer, porque es arma que, como el puñal oculto entre rosas, de Aristogitón y Harmodio, sabe herir en el corazón: trompa en los labios de Homero, guzla en los de Zorrilla, flauta en los de Rubén, es látigo de fuego en las manos de Dante, hacha que destroza en la de José Mármol y rayo que fulmina en la de Salvador Díaz Mirón. Solamente será inmortal quien sienta los mismos dolores infinitos, las mismas justas aspiraciones, los mismos santos odios que muerden el alma de las multitudes oprimidas.

Ya han corrido muchos siglos, ¡tantos que no es posible contar!, durante los cuales los desheredados de la vida han caído como doradas espigas bajo el filo de la hoz, sufriendo hambre de pan, de luz y de justicia.

Víctor Hugo, cuando en páginas que exhalan el perfume de rosas húmedas y frescas, nos cuenta con quiénes hablan los niños cuando sonríen en sueños; nos traduce lo que dicen las aves en el rítmico vibrar de su canto; nos refiere lo que conversan las ondas en el rumor musical de los ríos, es dulce, delicado y tierno; cuando defiende los derechos de la humanidad contra la injusticia, es sublime. Convertir el barro miserable de que está fabricado el hombre en algo puro y espléndido como la gota de rocío: he allí el sueño glorioso del poeta. Por eso marcha en bosque sagrado de laureles cantando el himno soberbio de la vida, mientras su corazón se lista en sangre.

Ser poeta; llevar, como creían los griegos, una alondra en la garganta, es don del cielo que cuesta muy caro; que, como la deuda con el judío de Shakespeare, se paga con carne viva de la más noble entraña.

La humanidad contempla deslumbrada la corona de luz que orla la frente de los grandes hombres; pero ignora que bajo de ella se oculta una corona de espinas que se clavan en el alma.

Habéis escuchado en la Leyenda Olímpica, ¿cómo se queja con voces de huracán un ser divino y desgraciado al mismo tiempo?

La tierra y el mar le escuchan temblando.

Es hermano del poeta: es Prometeo.

Este y aquél viven encadenados a su destino. En vano intentarán romper sus crueles ataduras.

"La Lira y El Buitre son símbolos siniestros": Uno y otro desgarran entrañas inmortales.

Cuando el poeta siembra consuelo en los surcos que el pesar dejó en las almas; cuando hace florecer la risa sana, armoniosa y consoladora en labios petrificados largo tiempo por el dolor; cuando el regocijo general estalla al mágico conjuro de la lira, alguien, uno sólo, llora, llora en silencio... ¡Es el corazón del poeta!: Sorbe, una a una, lágrimas candentes, mientras canta, canta y canta la inmensa alegría de la vida.

Si alguien auscultara el alma de esos hombres se estremecería de pavor: escucharía en ella rugidos dolorosos de león enfermo.

Allí sangra una tragedia.

¿Fue Juan Ramón Molina un poeta de verdad?

Indiscutiblemente, fue un gran poeta: a la edad en que murió y en medio de nuestras densas nieblas, realizó labor trascendental.

No dudamos en vaciar sobre su tumba todo el caudal de admiración que llevamos en el alma.

En su lira vibraron todas las cuerdas: la de plata, que dice voces de égloga; la de oro, que canta la belleza inmortal y fecunda como el seno de Hécuba; la de bronce, cuyas notas épicas levantan de su tumba a los héroes dormidos.

Ahora, cuando los años han pasado sobre la memoria de Juan Ramón; cuando la envidia no encuentra sino un fantasma que roer; cuando los odios se han extinguido al contacto frío de la tumba, la figura egregia del gran desaparecido se condensa en algo firme que deslumbra.

Porque el alma de los inmortales surge a través de las grietas del sepulcro, irradiando sobre la conciencia de los vivos.

El Ateneo de Honduras tiene a honra muy alta llegar aquí y rendir tributo de profunda admiración al más grande, al más glorioso, al príncipe de nuestros poetas, en todos los tiempos de nuestra historia, bajo el espléndido cielo de la Patria.

DISCURSO PRONUNCIADO EN LA MERCED CUANDO SE FUNDÓ EL DÍA DEL ESTUDIANTE

Señores:

La Juventud Universitaria funda en esta fecha el Día del Estudiante.

Y escoge para tan simpático objetivo el aniversario del nacimiento del Padre Reyes.

Iluminando de esta suerte, con resplandores magníficos, el nombre de una nueva generación convertida en pensamiento.

Al fundar su día los señores estudiantes, no solamente registran una fecha para el descanso; no solamente la registran para cultivar la alegría sana y renovadora, sino también para que la simpatía del grupo juvenil se traduzca en homenaje tributado a la virtud y a la belleza; para realizar algo, en fin, que signifique elocuentemente esfuerzos de espíritus ávidos de contiendas ennoblecedoras.

En esta fecha brillará dentro de cláusulas de oro, la mente incendiada por el fuego de la inspiración; fulgirá en esta fecha, bajo el trabajo de la orfebre, paciente y maravilloso, el anhelo nunca satisfecho de quienes poseen alas.

Porque la juventud gusta del vuelo de las águilas sobre las cimas enhiestas.

Y despliega su bandera allí en donde soplan vientos gloriosos.

Y triunfa porque siempre será suya esta magnífica antorcha: la esperanza.

Honrando la memoria del Padre Reyes, se honra a sí misma.

Honrando aquella sombra ilustre, da pruebas de que existe; de que Honduras lleva en su seno fuerzas vivas que nos anuncian, tras el horizonte sombrío que sopla insondable angustia en nuestras almas, un porvenir de vida cálida e intensa.

Me honro en esta ocasión porque debo a la Juventud pensadora de mi patria y a nuestra Universidad, generadora de luz, mi presencia en este lugar.

Señores: El sacerdote, cuando es de verdad, realiza apostolado meritísimo: redime conciencias torturadas y levanta energías desfallecientes.

El poeta, cuando es de verdad, vierte la luz de su alma en la noche callada y profunda que envuelve a los desheredados de la vida.

El maestro, cuando es de verdad, convierte el barro miserable de que está construido el hombre en algo puro y espléndido como el diamante.

Y eso realizó el Padre Reyes. Apóstol, maestro y artista, fue tres veces grande: consoló, enseñó e iluminó.

La humanidad es campo fecundo para esos sembradores del bien; del bien que es verdad, que es amor, que es justicia, que es soplo del infinito estremeciendo las almas como la brisa estremece las espigas del trigal de oro.

El dolor palpita allí en donde respira un hombre.

La ignorancia, la opresión y la miseria son fatalidades que pesan sobre la especie humana.

La existencia está formada de un tejido cruel que nos envuelve en sus redes, desde la cuna hasta el sepulcro.

Levantar a los que caen; iluminar a los que ignoran; derramar armonías en el silencio de las tumbas es obra que lleva el sello luminoso de Dios.

Y eso hizo el Padre Reyes.

Como el apóstol Pedro, sintió profunda compasión por aquellos sobre quienes la desgracia se abate con ferocidad implacable, como el Destino de los antiguos.

Y les dijo, con acento uncioso, verdades consoladoras, que sobre las almas caían como sobre la tierra calcinada benéfica lluvia de rocío.

No había hiel en sus labios, ni en su corazón.

Reía como ríen los niños o como deben reír los ángeles.

Cuando hablaba a los que sufren parecía que sobre su frente pálida batiera sus alas blancas la paloma mística.

Y depositara sobre sus labios tristemente contraídos toda la miel de los patios vergeles.

E hiciera florecer bajo su palabra, como lirio virginal, la misericordia.

Recordaba que bajo las plantas del divino Galileo no nacieron zarzas, sino rosas húmedas y frescas.

Que en el desierto y al mágico conjuro de su palabra, como Jordán inmenso cuyas aguas corrieran por el mundo, nació su doctrina redentora.

Que en esas linfas portentosas se han transfigurado los miserables.

Todo eso recordó el Padre Reyes.

Y siguió las huellas del Maestro.

Y fue, no sólo espiritualmente blanco como el cisne, sino verdaderamente grande, más grande que muchos grandes de la tierra.

El hombre vale más por lo que lleva en el corazón que por lo que guarda en el cerebro.

La gloria del vencedor que, iluminado por el incendio de las aldeas; arrullado por el clamor amargo de las multitudes que agonizan; bañado con sangre de hermanos, llega a la cima triunfal, es falsa gloria, es gloria envuelta en sombras. El ave de rapiña que tramonta las montañas llevando en las garras nevado cordero, ensangrentado y tembloroso, he allí la gloria fementida de aquellos vencedores.

Y como ésas es la de muchos a quienes la humanidad llama grandes de la tierra.

Quienes, como el Padre Reyes, hacen el bien furtivamente; quienes llevan al hogar donde llora el hambre, un pedazo de pan, una expresión de sincero afecto, una advertencia cordial y oportuna, valen más, mucho más que los asesinos glorificados en bronce por la estulticia humana.

Señores estudiantes:

Bien lo sabéis: formáis la patria de mañana.

Sois la arcilla que la ciencia ha de convertir, por modo milagroso, en cristal fúlgido y resistente.

La hora presente es sombría y las luchas del porvenir serán recias y tormentosas.

Las libraréis vosotros, señores.

No tendréis un pasado de gloria en qué apoyaros.

Nuestra historia dolorosa e infecunda, será vuestra única enseñanza.

Bajo la inmensidad azul de nuestro cielo; bajo el sol de oro de nuestros trópicos; entre el verde rumoroso de nuestros mares y en nuestras selvas pobladas de armonías y ricas de perfumes, aún queda un poco de patriotismo, aún queda un poco de autonomía, aún queda un resto de esperanza.

Vosotros sois los depositarios de esos restos sagrados.

Vosotros debéis, no solamente salvarlos, sino completarlos, engrandecerlos y glorificarlos.

De esa ruina que cruje y se derrumba puede surgir una patria nueva.

Vuestras manos pueden vibrar, estremecidas por calofríos de entusiasmo, armas heroicas, porque no están manchadas con dineros robados a la nación.

Vuestra frente puede erguirse porque no lleváis la conciencia manchada con sangre de hermanos.

Preparaos para salvar a Honduras.

Cultivando vuestro cerebro y, sobre todo, cultivando vuestro corazón.

Tomando luz en la ciencia.

E intensificando vuestro amor al terruño, comprendiendo que sus desgracias son infinitas.

Porque cuando dentro del pecho lleva el hombre un corazón noble y grande; cuando esa entraña es, en verdad, magnífica, el amor a nuestra madre crece con sus dolores: la amamos más cuando enferma, cuando sufre, cuando llora y, sobre todo, la amamos con amor inconmensurable cuando muere.

Este último amor es melancólico como el tañido de las campanas que llaman a muerto.

Es melancólico y estéril como las tumbas.

El primero de esos amores, el que sentimos por nuestra madre viva y sufriente, es fuerte y fecundo: puede convertir el páramo, en rosal soberbio.

Aún respira nuestra madre espiritual, la Patria.

Aún podéis, en un porvenir cercano, arrancar de esa ruina viviente todo lo grande, todo lo puro, todo lo hermoso que encierra, y amasar con esos restos sagrados la patria de mañana, floreciente por la consolidación de la paz dentro del ejercicio del derecho; fuerte por la instrucción e independiente por el trabajo.

He dicho.

DISCURSO DIRIGIÉNDOSE AL GENERAL TIBURCIO CARÍAS

(PRONUNCIADO EL 3 DE FEBRERO DE 1933).

Señor Presidente electo, General don Tiburcio Carías Andino:

Al haceros entrega de la presidencia de la república formulo los mejores votos porque, en la dirección de los destinos que os ha confiado el pueblo hondureño, obtengáis el éxito más completo.

También los formulo, muy cordiales, porque en el ejercicio de ese cargo seas menos infortunado que yo: algunos de mis adversarios políticos, abusando del respeto irrestricto que he rendido a las libertades públicas, me han calumniado en toda forma, y algunos de mis propios correligionarios también, haciéndome sentir unos y otros, en más de una ocasión, que en su diccionario moral la palabra gratitud no existe.

Espero que Vos, si, por desgracia sufrierais una suerte semejante a la mía, sabréis entregar la Presidencia en la forma que yo lo hago, de pie, erguido, despreciando la tormenta de injusticias que sobre Vos pudiera llover, alta la frente, de cara al sol, sin temer a nada ni a nadie.

No olvidéis, Señor Presidente electo, que sobre las pasiones desatadas por políticos perversos, que engañan a las multitudes, señalándoles, para que lo destrocen, a un hombre inocente como culpable de todos sus infortunios,—tal como ha ocurrido a esta hora con algunos gobernantes de América—; que sobre eso hay algo definitivo y es el juicio inexorable de la historia, y sobre eso y sobre todo, para el hombre que lleva el respaldo firme de su conciencia libre de culpas, un juez que nunca se equivoca: ese juez es Dios.

Os deseo que no seáis tan infortunado como yo; en primer lugar, por lo que más he amado y amo sobre la tierra, por mi Patria, y en segundo lugar, por Vos mismo, Señor Carías Andino, pues dentro de pocos minutos comenzaréis a ejercer la Presidencia, es decir, comenzaréis un combate en el que tal vez no se conquista la muerte, —que es detalle efímero—; pero en el que regularmente se conquista la desgracia por cuatro años, por lo menos.

He dicho.

A FROYLÁN: ¡HASTA LUEGO, HERMANO MÍO!

(Discurso pronunciado frente a los restos del poeta en San José de Costa Rica).

Señores:

Froylán Turcios terminó su jornada. Bajo un cielo gris, regado por lluvia magnífica de estrellas, penetró en la Eternidad.

Hace largo tiempo que Froylán empezó a morirse.

Cuando iba por esas calles de Dios se le comprendía desmejorado; pero se ignoraba que sobre su frente batía sus alas el sombrío mensajero que nos anuncia que ha llegado la hora de partir.

Él lo sabía de modo indubitable; pero, como Julio César moribundo, se envolvió el rostro con un manto. Y era, en esta ocasión, el manto del silencio.

Bajo su cuerpo encorvado hacia la tierra, bajo su aislamiento monacal de última hora, bajo su sonrisa glacial, vivía abrazado a su dolor, que le mordía las entrañas. Dentro de su organismo débil, él se construyó un organismo nuevo, forjado en bronce, que se irguió frente al destino retando las flaquezas materiales: su estoicismo ignorado fué inmensamente heroico. Y es allí, en esa grandeza anónima, en donde quienes sabíamos de su tragedia muda, encontramos el valor moral efectivo de Froylán, que en este caso nada tiene de leyenda.

Trabajó siempre, con constancia admirable; diariamente, del alba al ángelus. De pie, frente a su escritorio, con una pluma en la diestra, como obedeciendo a rígidas disciplinas militares, seleccionaba los granos de oro, los haces de luz, los acentos encendidos como llamas de los grandes prosistas y de los poetas inmensos, para ofrecerlos en sus revistas memorables; o regaba, en las propias páginas, la pedrería verdadera y deslumbrante de sus versos.

Su escritorio y su pluma deben sufrir la infinita nostalgia de su mano. La muerte casi lo sorprendió de pie, como al legendario Rey de Suecia.

Fue símbolo de energía indomable frente a sus dolores grandes y de esfuerzo generoso y diario en la lucha digna por la vida.

Viajó por los cuatro rumbos del planeta.

Tomó enseñanzas e inspiraciones bajo todos los cielos, en todos los mares, sobre todas las tierras.

Visitó Palestina. Cabe el Sepulcro Santo tuvo la visión del pálido soñador de Galilea, de Aquél que regó con parábolas, blancas como rosas de un rosal divino, el corazón de todos los que sufren, de todos los que aman, de todos los que llevan sombrío el rostro porque han descendido a abismo y han visto el dolor en toda su fiereza.

Visitó Roma, y sufrió el deslumbramiento de todos los artistas bajo el cielo que en la Capilla Sixtina dejó el pincel, hecho con relámpagos, del soberbio Miguel Ángel. La Ciudad Eterna lo envolvió por años con el misterio de su tradición gloriosa y muchas veces secular.

Fulge en algo de lo mucho que escribió, un mérito altísimo y muy raro en los poetas indo—hispano: No buscó en solar extranjero el motivo de sus producciones más bellas. Leyéndolas se oye la música de los pájaros cantores que pueblan los bosques de la Patria; se siente en ellas el sabor a miel de nuestros huertos en flor y el aroma virginal y fresco de nuestros inmensos pinares... Hasta la infinita tristeza de nuestra alma, soñadora y campesina, llora a veces en las cuerdas que el poeta rasguea de modo alado y milagroso. La antorcha de la fe, magnífica en Guillermo Valencia; conmovedora y dulce en Amado Nervo; olorosa a mirra y esperanza en Rogelio Sotela, alumbra a ratos en algunos de sus versos. Y sin embargo, fue creyente convencido: llevó consigo, sobre el corazón, a todas horas, durante medio siglo, el Cristo coronado de espinas que allí le colocara la mano piadosa de su madre.

Y ahora, el soñador concluyó de morirse.

En la región de los astros arranca acentos inmortales a su lira. Arrodillado frente al trono de Dios, en el coro de los grandes poetas que se fueron en lo que va de siglo y a quienes él conoció muy hondo, todos coronada de luz la frente y muchos, de espinas el corazón, debe estar el poeta nuestro. Pedazo de la carne de mi patria y porción de la sangre luminosa de su espíritu, yo le digo adiós, y le agrego, de modo muy cordial: ¡Hasta luego, hermano mío!